Flucht nach Deutschland

Flucht ins Ungewisse – Mein Weg von Afghanistan nach Europa,,

Die wahre Geschichte von Abdullah Mohmand Alias Malik

Flucht nach Deutschland

Flucht ins Ungewisse " Mein Weg von Afghanistan nach Europa,,

Die wahre Geschichte von Abdullah Mohmand Alias Malik

© Über das Buch

Dieses Buch ist nicht nur eine Geschichte; es ist eine Sammlung von Erfahrungen, die mit Respekt und Verständnis für alle Menschen geschrieben wurde, unabhängig von ihrer Religion oder Herkunft. Ob Muslim, Christ oder Angehöriger einer anderen Glaubensrichtung - ich hoffe, dass meine Erzählungen Brücken des Verständnisses und der Empathie bauen können.

Das Notieren des Buches begann am 07.04.2024.

Impressum

Website: https://www.instagram.com/abd___malik?igsh=MzV5MXllajIyYTJt&utm_source=qr

Druck und Distribution im Auftrag des Autors:
tredition GmbH, Heinz-Beusen-Stieg 5, 22926 Ahrensburg, Deutschland

Kontaktadresse nach EU-Produktsicherheitsverordnung:
abdullahmallik0177@web.de

Prolog

Ich erinnere mich noch genau an den Moment, als mir bewusst wurde, dass meine Heimat nicht mehr sicher für mich war. Es war kein einzelnes Ereignis, das alles veränderte – es war eine Abfolge von Momenten, die mir mit jeder neuen Gefahr klarmachten: Wenn ich bleibe, werde ich nicht überleben.

Meine Kindheit war von Angst geprägt. Jeder Tag konnte der letzte sein. Das Leben war unberechenbar – mal war alles ruhig, dann plötzlich fielen Schüsse oder eine Explosion erschütterte die Straßen. Ich hatte gelernt, mit dieser Angst zu leben, aber irgendwann wurde sie zu groß.

Ich musste eine Entscheidung treffen. Nicht, weil ich es wollte, sondern weil ich keine andere Wahl hatte. Ich ließ alles hinter mir – meine Familie, meine Freunde, mein Zuhause. Ich begab mich auf eine Reise voller Ungewissheit, mit nichts als der Hoffnung, irgendwann in Sicherheit zu sein.

Aber Afghanistan war nicht immer so. Es gab eine Zeit, in der meine Heimat ein Land war, das Menschen aus der ganzen Welt besuchten. Ein Land mit reicher Kultur, beeindruckenden Landschaften und gastfreundlichen Menschen. Ein Ort, an dem man leben, arbeiten und träumen konnte – genau wie in jedem anderen Land. Doch mit der Zeit änderte sich alles. Kriege, Konflikte und Unsicherheit verwandelten Afghanistan in einen Ort, an dem das Leben nicht mehr sicher war.

Ich wuchs in einer Welt auf, in der Angst zum Alltag gehörte. Es gab Tage, an denen ich zur Schule ging, ohne zu wissen, ob ich lebend zurückkommen würde. Ich hörte Geschichten von früher – von einer Zeit, in der es normal war, in den Straßen zu lachen, sich frei zu bewegen und Pläne für die Zukunft zu machen. Doch für mich und viele andere war das nur eine Erinnerung, die wir nie selbst erleben durften.

Eines Tages stand ich vor einer Entscheidung, die kein Mensch treffen sollte: Bleiben und mein Leben riskieren – oder gehen und alles hinter mir lassen. Ich entschied mich für die Flucht.

Aber diese Geschichte ist nicht nur meine. Sie gehört zu Tausenden, die ihre Heimat verlassen mussten, weil sie keine andere Wahl hatten. Ich erzähle sie, damit die Welt versteht, was es bedeutet, wenn ein Zuhause plötzlich kein Zuhause mehr ist. Damit die Menschen nicht nur Zahlen in den Nachrichten sehen, sondern die Geschichten dahinter.

Dies ist meine Reise – eine Geschichte von Angst, Verlust und Schmerz. Aber auch eine Geschichte von Hoffnung, Mut und dem unaufhaltsamen Willen, weiterzugehen..

Einleitung

Was würdest du tun, wenn dein Leben plötzlich nicht mehr sicher wäre? Wenn du jeden Tag in Angst leben würdest – nicht nur um dich selbst, sondern um deine Familie? Stell dir vor, du gehst morgens zur Schule und weißt nicht, ob du abends lebend nach Hause kommst. Stell dir vor, dein Zuhause, der Ort, an dem du aufgewachsen bist, wird zu einer Falle, aus der du fliehen musst.

Ich musste diese Entscheidung treffen. Ich musste meine Heimat verlassen, meine Familie zurücklassen und mich auf eine gefährliche Reise begeben – ohne zu wissen, ob ich es überleben würde.

Dies ist meine Geschichte. Die Geschichte meiner Flucht aus Afghanistan, die Geschichte von Schmerz, Angst und Verlust – aber auch von Hoffnung und der Suche nach einem neuen Leben.

Dieses Buch ist nicht nur meine persönliche Geschichte. Es ist die Geschichte von vielen Menschen, die ihre Heimat verlassen mussten, weil sie keine andere Wahl hatten. Ich möchte, dass die Leser verstehen, was es bedeutet, in einem Kriegsgebiet aufzuwachsen, Angst zu haben und sein Leben zurückzulassen. Ich hoffe, dass meine Geschichte hilft, Vorurteile abzubauen und Empathie zu schaffen.

Warum ich meine Geschichte erzähle

Migration und die damit verbundenen psychischen Traumata sind Herausforderungen unserer Zeit, mit denen viele Gesellschaften umgehen müssen. Der Krieg in Afghanistan, der seit über 46 Jahren andauert, hat das Land zerstört und Millionen von Menschen gezwungen, ihre Heimat zu verlassen. Auch ich bin einer von ihnen.

Im Jahr 2021, mit 16 Jahren, musste ich aus Afghanistan fliehen. Mein Weg führte mich über viele Hindernisse und Gefahren nach Deutschland. Heute lebe ich in Niedersachsen, in Hildesheim, und versuche, mir ein neues Leben aufzubauen.

Seit meiner Ankunft in Deutschland habe ich mich bemüht, meinen eigenen Weg zu gehen. Ich bin hier zur Schule gegangen und habe meinen Hauptschulabschluss bei walter-grouips-Schule gemacht. Jetzt mache ich eine Ausbildung bei der KSM Casting GmbH und plane meine Zukunft Schritt für Schritt. Ich wollte nicht unbedingt über meine Erfolge sprechen, denn meine Geschichte soll nicht zeigen, dass ich „es geschafft habe“, sondern vielmehr, was Menschen wie ich durchmachen mussten, um überhaupt eine Chance auf ein normales Leben zu bekommen.

Dieses Buch erzählt meine Geschichte – und die vieler anderer Flüchtlinge, die Ähnliches erlebt haben. Es zeigt nicht nur das Leid, das wir auf unserer Flucht und in unserer Heimat erfahren haben, sondern auch die Denk- und Fühlweisen von Menschen aus Afghanistan. Ich hoffe, dass es dazu beiträgt, Verständnis zu schaffen. Denn jedes individuelle Schicksal steht stellvertretend für das Leid vieler Geflüchteter auf dieser Welt – aber auch für die Hoffnung, dass Integration gelingen kann.

Kapitel 1: Meine Kindheit im Schatten des Krieges

Ich wurde in Afghanistan geboren, in der Provinz Nangarhar, im Distrikt Kot, in einem kleinen Dorf namens Laghurji. Diese abgelegene Region, eingebettet zwischen den zerklüfteten Bergen und weiten Tälern, schien auf den ersten Blick ruhig und friedlich zu sein. Doch unter dieser äußeren Ruhe tobte ein ständiger

Dieses Bild stammt aus dem Jahr 2024 und zeigt mein Heimatdorf Kot Laghurji. Es liegt in dem Distrikt, in dem ich aufgewachsen bin und mit dem ich viele Erinnerungen verbinde.

Krieg. Unsere Familie lebte in einem traditionellen afghanischen Haus, das wir liebevoll „die Festung“ nannten, weil es mehr Schutz bot als ein gewöhnliches Zuhause. Doch auch die dicksten Mauern konnten uns nicht immer vor der allgegenwärtigen Gefahr bewahren.

Unsere Familie bestand aus meinen Eltern, meinen Geschwistern und vielen Verwandten. Es war eine große, enge Familie, die zusammenhielt, weil wir wussten, dass wir uns nur gegenseitig hatten. Mein Vater war ein einfacher Mann, der versuchte, uns so gut wie möglich zu schützen, während meine Mutter eine starke Frau war, die uns mit Liebe und Disziplin aufzog. Doch auch sie konnte die täglichen Ängste nicht vertreiben, die der Krieg mit sich brachte.

Mein Onkel mütterlicherseits war ein hochrangiger Kommandant der afghanischen Streitkräfte. Seine Position war sowohl ein Segen als auch ein Fluch. Auf der einen Seite konnte er durch seine militärische Stellung etwas Schutz für uns bieten, aber auf der anderen Seite machte ihn seine Bekanntschaft mit der afghanischen Regierung zu einem ständigen Ziel für die Feinde des Staates – die Taliban und Daesh (IS). Diese Gruppen kämpften erbittert um die Kontrolle über unsere Region, und wir standen immer zwischen den Fronten.

Jedes Mal, wenn mein Onkel oder seine Söhne zu uns kamen, war es ein Moment der Anspannung. Ihre Anwesenheit war wie ein stilles Signal an die Kämpfer der Taliban und Daesh: „Hier ist ein feindliches Ziel." Unser Haus wurde mehrmals angegriffen, und jede Nacht verbrachten wir in einem Zustand der Alarmbereitschaft, wartend auf den nächsten Angriff. Doch trotz der ständigen Gefahr blieben wir zusammen – als Familie, als Gemeinschaft. Wir versuchten, das zu tun, was Menschen in einem Krieg immer tun: zu überleben.

Als Kind war ich von all dem geprägt, was um mich herum geschah. Ich verstand die Gefahr, die uns drohte, aber zugleich versuchte ich, meine Kindheit zu leben. Doch die Realität ließ mir wenig Raum für kindliche Unbeschwertheit. Jeden Tag, wenn ich zur Schule ging, wusste ich nie, ob ich sicher zurückkehren würde. Auf den Straßen konnte jederzeit etwas geschehen – ein Überfall, ein Angriff, eine Entführung.

„Du gehörst zu uns", hörte ich oft, wenn ich auf dem Weg zur Schule war. „Du musst für uns kämpfen." Diese Worte hallten in meinem Kopf wider, als ich versuchte, ihnen zu entkommen. Sie wollten uns in ihre Reihen zwingen – Kinder wie mich, die noch so viel vor sich hatten. Doch ich wollte nicht kämpfen. Ich wollte zur Schule gehen, wollte lernen, wollte etwas anderes als die Waffen, die uns umgaben.

Meine Eltern, besonders meine Mutter, versuchten, uns so gut es ging zu beschützen. Sie erklärte uns, dass wir uns nicht den Rebellengruppen anschließen sollten. Sie wollte, dass wir ein besseres Leben hatten – ein Leben, in dem Bildung und Frieden im Vordergrund standen. Doch der Krieg schien uns alles zu rauben. Die Schulen waren ständig bedroht, und viele Lehrer flohen aus Angst vor den Militanten. Wenn ich es überhaupt schaffte, zur Schule zu gehen, war es immer ein Glücksspiel, ob sie noch geöffnet war oder nicht.

Ich erinnere mich an die Tage, an denen ich heimlich in ein nahegelegenes Dorf ging, um mit anderen Kindern zu lernen, die ebenfalls in meiner Situation waren. Wir versuchten, uns gegenseitig zu ermutigen, die Hoffnung nicht aufzugeben, obwohl uns allen klar war, dass unsere Zukunft ungewiss war. Aber in diesen Momenten fühlte ich mich ein bisschen wie ein normaler Junge – ein Junge, der Träume hatte, ein Junge, der sich eine Zukunft ohne Krieg wünschte.

Doch es war nicht nur die physische Gefahr, die uns belastete. Der ständige Psychoterror der Militanten, die jederzeit auftauchen und uns mit ihren Drohungen konfrontieren konnten, zerrte an den Nerven. Es war diese ständige Unsicherheit, die uns tagtäglich begleitete. Ich fühlte mich wie ein Gefangener – in meinem eigenen Dorf, in meiner eigenen Haut.

Die Gespräche, die ich mit anderen Kindern führte, drehten sich oft um dieselben Ängste. „Was, wenn wir heute von den Taliban erwischt werden?“, fragte mich ein Junge, der wie ich versuchte, den Alltag zu überstehen. „Was, wenn sie uns zwingen, für sie zu kämpfen?“ Die Antworten, die wir uns gaben, waren oft nur leere Worte – „Wir müssen stark bleiben, wir müssen durchhalten“ – aber in unseren Herzen wussten wir, dass das Überleben nicht immer sicher war.

Trotz all der Angst und Verzweiflung versuchte ich, an meine Träume zu klammern. Ich wollte irgendwann ein besseres Leben führen. Ich wollte den Kreislauf der Gewalt und der Angst durchbrechen, auch wenn mir dies wie ein ferner Traum erschien. Aber ich wusste, dass der Krieg uns nicht für immer festhalten konnte. Irgendwann, so hoffte ich, würde ein Weg heraus führen.

Die Jahre in Laghurji vergingen, und je älter ich wurde, desto mehr verstand ich, dass dieser Krieg nicht nur die äußere Welt zerstörte, sondern auch das Innerste der Menschen. Unsere Hoffnung, unser Glaube an die Zukunft, wurde jeden Tag ein Stück mehr erdrückt. Doch trotz all der Verzweiflung gab es immer noch diese kleine

Flamme in mir, die mir sagte, dass es mehr geben musste als dieses Leben im Schatten des Krieges.

Kapitel 2: Die Bedrohung wächst

Mit jedem Jahr, das verging, wurde die Situation immer bedrohlicher. Die Gewalt und der Terror, die uns in Afghanistan wie ein Schatten verfolgten, nahmen immer weiter zu. Besonders für meine Familie, die durch die militärische Stellung meines Onkels bekannt und ins Visier geraten war, wurde das Leben zunehmend unsicherer. Jeden Tag mussten wir mit der ständigen Gefahr leben, Opfer eines Angriffs zu werden. Die Drohungen gegen meinen Onkel und unsere Familie wurden immer häufiger, und sie waren klar: „Gibt er seine Position auf, wird ihm nichts passieren. Aber wenn er weitermacht, wird er bezahlen."

Mein Onkel weigerte sich jedoch, seine Arbeit aufzugeben. Er war ein Mann von Prinzipien, und er glaubte, dass er durch seine Stellung noch immer etwas für das Land und seine Familie tun konnte. Doch die Militanten verstanden dies als Herausforderung. Sie hatten keine Gnade für jemanden wie ihn. Seine Weigerung, sich zu beugen, führte schließlich zu seinem Tod. Im Jahr 2021 wurde er durch eine Bombe getötet. Die Nachricht verbreitete sich schnell und war wie ein Schlag ins Gesicht. Die ganze Region, in der wir lebten, war erschüttert. Aber für uns, seine Familie, war es noch schlimmer – der Verlust eines geliebten Menschen war schrecklich, doch der wahre Schrecken begann danach.

Mit dem Tod meines Onkels waren wir plötzlich zur Zielscheibe geworden. Die Taliban und Daesh wussten, dass seine Familie immer noch da war – sie wussten, dass wir die nächsten waren, die sie zur Rechenschaft ziehen wollten. Die Söhne meines Onkels, meine Cousins, suchten verzweifelt Schutz, immer wieder bei uns. Wenn sie in unserem Haus Zuflucht suchten, hieß das auch, dass wir in Gefahr waren. Die Männer der Taliban und Daesh kamen immer wieder zu uns. Sie fragten nach meinen Cousins, wollten wissen, wo sie sich versteckten. Sie stellten uns immer wieder dieselbe Frage: „Wo sind deine Verwandten? Wo sind die Söhne des Kommandanten?“

Meine Mutter, die immer versuchte, uns vor der Gefahr zu schützen, versteckte die Jungen, wo immer sie konnte. Aber wir wussten, dass es nur eine Frage der Zeit war, bis wir entdeckt würden. Und dann würde die Bedrohung gegen uns viel realer und viel tödlicher werden.

Die Drohungen, die uns gemacht wurden, waren grausam. Die Männer der Taliban und Daesh standen vor unserem Haus, manchmal stundenlang, und starrten uns an, als ob sie warteten, dass wir den falschen Schritt machten. Sie kamen mitten in der Nacht, weckten uns mit ihren Schreien und verlangten Antworten. „Wir wissen, dass du sie versteckst“, drohten sie meinem Vater. „Wenn du uns nicht sagst, wo sie sind, wirst du dafür bezahlen. Du weißt, was wir tun können.“ Es war die ständige Bedrohung durch diese Männer, die uns das Gefühl gab, nie wirklich sicher zu sein.

Ich erinnere mich an eine Nacht, die besonders beängstigend war. Die ganze Familie war zu Hause, und wir versuchten, ruhig zu bleiben, in der Hoffnung, dass die Nacht ohne Vorfälle vergehen würde. Doch dann hörten wir Schüsse. Ganz in der Nähe, vielleicht nur ein paar hundert Meter entfernt. Mein Herz raste, und ich konnte kaum atmen. Wir alle wussten, dass diese Schüsse nicht einfach so abgegeben worden waren. In einem Land, in dem das Leben so wertlos geworden war, bedeuteten Schüsse das Schlimmste.

„Sie kommen“, flüsterte mein Vater. Seine Stimme war ruhig, aber es lag etwas Dunkles darin, das ich nicht verstand.

Wir saßen im Dunkeln, jede Minute schien sich wie eine Stunde zu dehnen. Das Gefühl der Angst, das mich überkam, war nicht nur die Angst vor dem Tod, sondern auch die Angst davor, dass ich irgendwann keine Wahl mehr haben würde. Dass ich irgendwann mit den Militanten zusammenarbeiten oder für sie kämpfen müsste. Die Vorstellung, mein Leben in dieser Gewaltspirale zu verlieren, war unerträglich.

Die Nächte wurden länger, die Tage kürzer. Es schien, als ob der Krieg nie enden würde. Aber dann, eines Morgens, als ich gerade aufwachte, sagte mein Vater mit ernster Miene: „Du musst gehen.“ Ich konnte es nicht glauben. Er sagte es ruhig, fast mit einer Leichtigkeit, als ob er uns schon lange vorbereitet hatte, dass dieser Moment kommen würde. Aber in meinem Inneren tobte ein Sturm. Wie konnte er das von mir verlangen? Wie konnte er mir sagen, ich solle meine Familie, mein Zuhause, alles, was mir vertraut war, hinter mir lassen?

„Aber Vater“, sagte ich, „was soll ich allein machen? Wo soll ich hin?“

„Du musst es tun“, antwortete er. „Es ist der einzige Weg, dich zu retten. Der Krieg hat uns alles genommen. Jetzt musst du dein Leben retten. Wir können nicht mehr für dich da sein, wenn du bleibst. Du musst in Sicherheit sein.“

Es waren Worte, die wie ein Schock auf mich wirkten. Das Gefühl des Verlassens, das Gefühl, meine Familie zurückzulassen, schien unerträglich. Aber tief in mir wusste ich, dass er recht hatte. Der Krieg hatte uns zerstört, er hatte unsere Welt zerrissen. Und ich hatte keine Wahl mehr. Mein Zuhause war nicht mehr sicher. Die letzten Reste von Frieden, die wir gekannt hatten, waren endgültig verschwunden.

Also nahm ich mein kleines Bündel, meine Erinnerungen und den Mut, der tief in mir verborgen war, und machte mich auf den Weg. Ein Teil von mir wusste, dass ich nie wieder zurückkehren würde, dass dieser Abschied für immer sein würde. Aber die andere Seite von mir, die kleine Stimme der Hoffnung, sagte mir, dass vielleicht, nur vielleicht, irgendwo dort draußen ein neuer Anfang auf mich wartete.

Kapitel 3: Der Beginn meiner Flucht

Am 15. August 2021 begann eine neue, schreckliche Ära für Afghanistan. An diesem Tag nahmen die Taliban Kabul ein. Die afghanische Regierung war zusammengebrochen, und der Krieg hatte endgültig den gesamten Staat ergriffen. Die Straßen von Kabul waren überflutet mit Menschen, die in Panik versuchten zu entkommen. Der

Flughafen war überfüllt mit verzweifelten Gesichtern, und überall sah man Menschen, die versuchten, auf einen der Evakuierungsflüge zu gelangen. Es war eine Szene des Chaos, in der die Hoffnung auf eine Zukunft in Sicherheit in den Schatten des Krieges fiel. Viele Menschen versuchten, zu fliehen, aber nicht alle hatten die Möglichkeit. Die Taliban begannen, gezielt nach Menschen zu suchen, die mit der vorherigen Regierung oder mit westlichen Ländern zusammengearbeitet hatten. Es gab Berichte über die Erschießung von Afghanen, die mit der Regierung in Verbindung standen, und die Verfolgung von Familien, die sich in Sicherheit bringen wollten.

Auch in meinem Heimatdorf war es nicht mehr sicher. Ich erlebte die Angst, als die Nachricht von der Übernahme der Hauptstadt sich rasch verbreitete. Überall hörte man Gerüchte über die Gewalt und die Brutalität, die die Taliban hinterließen. In vielen Teilen des Landes, besonders in kleineren Dörfern und Städten, gab es ähnliche Szenen. Menschen flohen in Panik, um dem sich nähernden Schrecken zu entkommen.

In dieser Zeit wurde mir bewusst, dass ich nicht mehr in Afghanistan bleiben konnte. Die Bedrohung war zu real. Der Krieg war nun überall, und die Zukunft sah düster aus. Ich wusste, dass der Moment gekommen war, an dem ich meine Familie, mein Zuhause und all das, was mir vertraut war, zurücklassen musste. Es war die einzige Möglichkeit, am Leben zu bleiben.

Am 31. August 2021 verließ ich mein Zuhause. Die Entscheidung war endgültig, der Moment kam schneller, als ich ihn je hätte erwarten können. An diesem Tag, als die Sonne noch tief am Himmel stand und der Schatten des Krieges uns immer näher rückte, wusste ich, dass mein Leben nie mehr dasselbe sein würde. Der Krieg hatte alles zerstört, was wir je gekannt hatten – unsere Familie, unser Zuhause, unsere Träume. Es gab kein Zurück mehr, keine Hoffnung mehr auf ein Leben in Sicherheit in Afghanistan.

Mein Vater brachte mich nach Barikaw, einem kleinen Dorf, das weit entfernt von unserem Distrikt lag. Barikaw war für uns wie ein Zwischenstopp, ein Ort, an dem ich für kurze Zeit untertauchen konnte, bevor ich meine Reise fortsetzte. Wir standen am Rand eines unscheinbaren Weges, der aus dem Dorf hinausführte, und als ich mich von meinem Vater verabschiedete, fühlte ich einen Kloß im Hals, der schwerer war als alles, was ich je zuvor gefühlt hatte.

„Du musst jetzt weiter“, sagte er. Seine Stimme war ruhig, doch in seinen Augen sah ich den Schmerz, den er tief in sich trug. „Es ist zu gefährlich hier. Du musst sicher sein.“

Ich schaute ihn an, versuchte zu begreifen, was er mir sagte. Wie konnte ich ohne ihn fortgehen? Wie konnte ich meine Familie, meine Heimat, alles, was mir vertraut war, hinter mir lassen? „Vater, du kannst doch mitkommen. Warum bleibst du hier?“

Er schüttelte den Kopf, ein stummer Ausdruck von Schmerz und Entschlossenheit in seinen Augen. „Du musst gehen“, sagte er. „Wir versuchen, hier zu überleben, aber du musst deine eigene Sicherheit suchen. Wir können nicht mehr gemeinsam fliehen. Du hast keine andere Wahl.“

Es war der schwerste Moment meines Lebens. Ich fühlte, wie sich ein eisiger Wind in mein Herz schlich. Der Gedanke, meinen Vater zu verlassen, war unerträglich. Aber ich wusste auch, dass er recht hatte. Der Krieg hatte uns zu diesem Punkt geführt, zu diesem Moment der Trennung. Es war zu gefährlich, als dass wir als Familie zusammen fliehen konnten. Die Entscheidung war gefallen – und die Reise musste beginnen.

Mein Onkel – der Bruder meiner Mutter – hatte alles organisiert. Er hatte Geld an die richtigen Leute gezahlt und mit Schleusern einen sicheren Weg aus Afghanistan ausgehandelt. Ich wusste nicht viel darüber, was mich auf der Reise erwartete. Ich wusste nur, dass der Weg gefährlich war und dass ich nicht zurück konnte. Der

Gedanke an den sicheren Tod, der in jedem Moment auf mich lauern konnte, ließ mir kaum Zeit, darüber nachzudenken, was auf mich zukommen würde. Alles, was ich wusste, war, dass ich diesen Schritt wagen musste, um zu überleben.

Das erste Ziel meiner Flucht war die Stadt Jalalabad. Ich reiste in einem kleinen, unbequemen Transportwagen, der mich und andere Flüchtlinge über die Landstraßen brachte. Die Fahrt war holprig, und das ständige Beben des Wagens ließ mich nicht zur Ruhe kommen. Die Straßen waren von Zerstörung gezeichnet, überall lag Staub und Schutt. Auf den Straßen sah ich Menschen, die ebenfalls versuchten zu fliehen, ihre Gesichter geprägt von Angst und Verzweiflung. Einige von ihnen hatten ihre Häuser zurückgelassen, andere trugen nichts mehr als das, was sie am Körper hatten.

In Jalalabad angekommen, konnte ich kaum fassen, wie dicht der Schatten des Krieges über dieser Stadt lag. Die Straßen waren überfüllt, der Lärm der Kriegsmaschinen und der Hubschrauber war allgegenwärtig. Die Stadt war ein Schmelztiegel aus verzweifelten Menschen, die versuchten, einen sicheren Ort zu finden. Es war ein Durcheinander aus Geräuschen, Gerüchen und einer Atmosphäre der ständigen Bedrohung. Doch ich hatte keine Zeit, über all das nachzudenken. Die Reise musste weitergehen.

Von Jalalabad ging es weiter nach Kabul. Die Hauptstadt des Landes, die einst ein Symbol für Kultur und Fortschritt war, war jetzt nur noch ein Trümmerfeld, geprägt von den Narben des Krieges. Überall, wo ich hinschaute, sah ich Menschen, die auf der Flucht waren, und Soldaten, die versuchten, die Situation irgendwie unter Kontrolle zu bekommen. Aber es war klar – der Krieg hatte Kabul genauso wie den Rest des Landes erobert.

Kabul war eine Stadt, in der die Zeit stillzustehen schien. Überall waren Kontrollpunkte, bewaffnete Männer, die die Straßen bewachten. Ich wusste, dass ich hier nicht lange bleiben konnte. Meine Flucht musste weitergehen, auch wenn ich nicht wusste, was mich in der Zukunft erwartete.

Die Reise von Kabul aus führte mich weiter in Richtung Nimrus, einer Provinz im Westen des Landes. Dort, an einem verlassenen Grenzposten, sollte der Übergang nach Pakistan stattfinden. Der Weg dorthin war von heftigen Kämpfen und Gefahren geprägt. Immer wieder hörte ich in der Ferne das Donnern von Bomben, das Dröhnen von Kriegsmaschinen. Der Himmel war von Rauch und Staub bedeckt, und das Gefühl der Gefahr war allgegenwärtig. Doch trotz all der Risiken wusste ich, dass es kein Zurück gab.

Von Nimrus aus begann die gefährliche Reise nach Pakistan. Ich hatte von den Schleusern erfahren, die Flüchtlinge wie mich über die Grenze brachten. Sie waren erfahren, aber auch rücksichtslos. In ihren Augen zählte nur das Geld. Und so stiegen wir in ein kleines, überfülltes Fahrzeug, das uns zu einem der vielen illegalen Grenzübergänge bringen sollte.

Es war eine Reise voller Unsicherheiten. Wir mussten in dunklen Nächten reisen, uns verstecken, wenn Soldaten patrouillierten. Der Weg über die Grenze war gefährlich, und wir mussten mehrmals den flimmernden Augenblick der Entdeckung überstehen. Aber die Grenze war kein Ende, es war erst der Anfang meiner Reise, und der wahre Albtraum begann erst, als wir Afghanistan hinter uns ließen.

Kapitel 4: Die Flucht nach Pakistan

Die Reise nach Pakistan begann mit einer langen Fahrt, die sich wie eine Ewigkeit anfühlte. Wir fuhren stundenlang in einem klapprigen Bus, der über staubige und unebene Straßen schaukelte. Der Verkehr war chaotisch, und es war ein ständiges Hin und Her, als wir durch abgelegene Dörfer und entlang von Straßen fuhren, die von Zerstörung gezeichnet waren. Mein Herz raste, und ich konnte den kalten Schweiß auf meiner Stirn spüren, als die Gedanken über die bevorstehende Grenze in meinem Kopf wirbelten. Was würde uns erwarten? Würde uns die Grenze passieren lassen? Würden wir entdeckt und zurückgeschickt werden?

Die Grenzregion war voller Unruhe. Menschen in einem ständigen Zustand der Verzweiflung versuchten, irgendwo hinzukommen – oft ohne zu wissen, was sie nach der Grenze erwartete. Einige versuchten es auf legalem Weg, indem sie Pässe und Visa vorlegten. Doch viele wie ich mussten sich verstecken, ohne irgendeine offizielle Genehmigung. Ich gehörte zu denen, die die Grenze illegal passieren mussten – und das machte die Situation noch gefährlicher.

Die Stunden vergingen, und der Bus fuhr weiter, bis wir endlich die Grenze zu Pakistan erreichten. Als wir uns näherten, sah ich das Chaos, das sich dort abspielte. Die Grenze, die einmal ein geordneter Übergang gewesen war, war jetzt ein verwirrtes Durcheinander. Hunderte von Menschen – Männer, Frauen, Kinder, Familien – standen dicht gedrängt, alle versuchten, die Grenzkontrollen zu passieren. Die Luft war stickig und voller Staub. Es roch nach Angst und Hoffnung. Ein ständiges Durcheinander von Gesprächen, Rufen und dem Lärm von Kriegsfahrzeugen, die die Gegend patrouillierten, prägte die Szene.

Die Grenzbeamten auf der pakistanischen Seite waren streng, doch die Kontrolle war chaotisch. Einige ließen die Menschen passieren, während andere sie ohne Erklärung zurückwiesen. Der Boden war von Staub und Trümmern bedeckt, und man konnte kaum einen Schritt tun, ohne in einem der vielen Rinnsale oder Pfützen stecken zu bleiben, die sich mit dem Regen bildeten. Ich hatte nie zuvor eine Grenze gesehen, die so von Verzweiflung geprägt war. Es war nicht nur eine Grenze zwischen zwei Ländern – es war eine Grenze zwischen Leben und Tod, zwischen Hoffnung und Verzweiflung.

Wir mussten uns eine Möglichkeit suchen, uns unter die Menge zu mischen, ohne die Aufmerksamkeit der Beamten auf uns zu ziehen. Die Schleuser, die uns begleiteten, waren erfahren, aber auch skrupellos. Sie wussten genau, wie sie die Grenzkontrollen umgehen konnten, aber wir mussten uns auf alles gefasst machen. Der Plan war einfach – wir mussten unauffällig bleiben, unsere Köpfe unten halten und uns auf keine Fragen einlassen. Jede unbedachte Bewegung hätte uns verraten können.

Die Stunden zogen sich wie Kaugummi, als wir in der drückenden Hitze warteten und gleichzeitig versuchten, die richtigen Momente zu finden, um uns weiterzubewegen. Es war, als würde die Zeit stillstehen. Ich konnte die Anspannung in meinen Gliedern spüren, den ständigen Blick auf die Grenzbeamten, die durch die Menge schauten. Manchmal dachte ich, sie hätten uns entdeckt, aber immer wieder schlüpften wir weiter, mit der Hoffnung, dass wir nicht in die Falle geraten würden.

Endlich, nach einer gefühlten Ewigkeit, kamen wir zu einem Abschnitt, wo die Aufmerksamkeit der Grenzbeamten nachließ. Der Schleuser nickte uns zu, und wir wussten, dass dies unser Moment war. Wir bewegten uns schnell, aber vorsichtig, ohne hastige Bewegungen zu machen. Jeder Schritt war ein Risiko. Die Grenze war nun nur noch einen Schritt entfernt, doch dieser Schritt konnte der letzte für uns sein, wenn wir nicht vorsichtig waren.

Als wir endlich die Grenze überschritten hatten, konnte ich kaum glauben, dass wir es geschafft hatten. Ich fühlte mich wie in einem Albtraum – die Realität schien sich zu vermischen mit dem Gefühl der Erleichterung. Die Grenze war nicht einfach eine Linie auf der Landkarte – sie war ein Moment der Befreiung und zugleich des Schreckens. Wir waren in Pakistan, aber der Weg vor uns war noch lang und voller Gefahren.

„Wir haben es geschafft“, flüsterte ich, als wir endlich auf der anderen Seite waren, doch es war ein schwacher Trost. Die Reise hatte gerade erst begonnen.

Pakistan war nun unser neuer Zwischenstopp, aber ich wusste, dass ich nicht lange bleiben konnte. Ich war weit entfernt von Afghanistan, doch der Krieg und die Verzweiflung verfolgten mich. Und auch hier, in diesem fremden Land, war ich nicht sicher. Aber für den Moment war die Grenze, die ich überquert hatte, ein erster Schritt in eine neue Richtung. Ein Schritt weg von der Dunkelheit des Krieges, ein Schritt in eine ungewisse Zukunft.

Doch die Reise war noch lange nicht vorbei. Wir mussten weiterfliehen – immer weiter, in der Hoffnung, dass eines Tages Frieden und Sicherheit für uns existieren würden. Aber in diesem Moment konnte ich nicht anders, als für einen kurzen Augenblick zu hoffen, dass dies der Anfang von etwas Besserem war.

Kapitel 5: Die gefährliche Reise durch Pakistan

Nach der Überquerung der Grenze nach Pakistan wartete bereits ein Fahrzeug auf uns – aber es war kein gewöhnliches Fahrzeug. Es war ein alter Toyota-Pickup, der auf der Ladefläche bis zu 40 Menschen zusammenpferchte. Wir saßen auf der Ladefläche, drängten uns in allen erdenklichen Positionen zusammen. Einige von uns standen, andere saßen aufeinander, und die wenigen, die das Glück hatten, einen kleinen Platz zum Sitzen zu ergattern, hielten sich so fest wie möglich, um nicht herunterzufallen. Es war ein chaotisches Durcheinander von Körpern, das von einem Fahrzeug auf die Straße gezwängt wurde, das nicht viel Platz für uns alle ließ. Die ständigen Bewegungen, das Gedränge, die Enge – alles war Teil des Pakets, das wir kaufen mussten, um zu überleben und weiterzukommen.

Der Fahrer des Pickups war ein Mann mittleren Alters, dessen Gesicht von der Sonne gegerbt und von den Belastungen des Lebens gezeichnet war. Ohne ein Wort zu verlieren, legte er den Gang ein und raste los. Das Fahrzeug sprang und stotterte über unbefestigte Straßen, die sich im Zustand eines Kriegsgebietes befanden. Die Schlaglöcher waren so tief, dass es schien, als ob der Boden jederzeit aufbrechen würde. Doch der Fahrer fuhr mit halsbrecherischer Geschwindigkeit, als würde er auf eine unsichtbare Uhr blicken, die uns unaufhaltsam weiter trieb. Ich klammerte mich mit beiden Händen an der Seitenwand fest und versuchte, den atemlosen Fahrtwind zu ignorieren, der mir ins Gesicht peitschte.

„Wenn ich jetzt falle, bin ich tot“, dachte ich immer wieder. Der Gedanke war ständig präsent. In dieser Situation gab es keine Möglichkeit zur Flucht. Kein Schutz, keine Rettung. Ich wusste nur, dass ich durchhalten musste – um jeden Preis.

Der Lärm des Motors und die unzähligen Erschütterungen des Fahrzeugs waren allumfassend. Die Menschen um mich herum stöhnten, weinten, flüsterten Gebete oder redeten leise miteinander, um sich irgendwie gegenseitig zu beruhigen. Doch es war ein unnützes Bemühen, denn niemand konnte sich wirklich sicher fühlen. Nicht hier. Nicht in diesem Moment. Ich versuchte, mich auf das Ziel zu konzentrieren – das Ziel, weiterzukommen, weiterfliehen zu können.

Menschen, die Afghanistan verlassen wollen, Reisen am 8. Februar 2022 im Bezirk Zaranj im afghanischen Nimruz auf die Einreise in den Iran.

Plötzlich, mitten in der Fahrt, tauchte eine Polizeikontrolle auf. Die Pakistansiche Polizei stand mit ihren Waffen bereit, ihre Uniformen fielen uns sofort ins Auge. Der Pickup verlangsamte, der Fahrer hielt inne und schaute zu uns auf der Ladefläche, als wollte er uns warnen. Jeder hielt den Atem an. Ich spürte die Anspannung in der Luft, als hätten alle um uns herum plötzlich aufgehört zu atmen. Es war ein Moment der Unsicherheit, der alles verändern konnte.

„Geld“, sagte der Fahrer knapp. „Sie wollen nur bezahlen, dann lassen sie uns durch.“ Aber der Fahrer weigerte sich, zu zahlen, eine Entscheidung, die uns in diesem Moment die Luft abschnürte. Was würde passieren, wenn sie uns festhielten? Was würden sie tun, wenn wir keinen Cent hatten? Ich konnte den Puls in meinem Hals schlagen hören, während der Fahrer sich eine Sekunde lang in Gedanken versank. Dann tat er das, was niemand erwartet hätte – er trat aufs Gas. Der Pickup schoss vorwärts, als wäre er von einem unsichtbaren Dämon gejagt.

Die Polizei reagierte sofort. Ein lautes Knallen durchbrach die Stille der Straße, als die Polizei in die Luft schoss. Es war der erste Schuss, aber nicht der letzte. Der scharfe Klang des Schießens jagte durch meine Adern und ließ mich für einen Moment glauben, dass dies das Ende war. Wir waren auf der Flucht, ohne Papiere, ohne Erlaubnis, ohne Rückweg. Doch der Fahrer scherte sich nicht darum. Er lenkte den Pickup scharf in eine Nebenstraße und fuhr in hohem Tempo weiter.

„Was tut er?“ flüsterte jemand hinter mir. „Sie werden uns erwischen!“

Aber der Fahrer fuhr weiter. Die Polizei setzte zur Verfolgung an, doch der Pickup ließ sie hinter sich. Der Fahrer navigierte geschickt durch die engen Straßen und nahm uns auf schmalen Wegen mit, die selbst die Polizei nicht in dieser Geschwindigkeit verfolgen konnte. Es war ein halsbrecherisches Manöver, ein gefährliches Spiel mit dem Leben, aber wir waren immer noch auf der Flucht.

Die Stunden zogen sich, als wir schließlich von den Straßen abkamen und in unwegsames Gelände abtauchten. Der Fahrer raste weiter, als ob er das Leben von uns allen in seinen Händen hielt und uns ohne Umschweife durch die Dunkelheit führte. Keiner sagte ein Wort, keiner wagte es zu fragen, was als Nächstes passieren würde. Wir waren einfach auf uns selbst angewiesen, und die einzige Hoffnung, die wir hatten, war, dass wir es irgendwie schaffen würden.

Es dauerte 48 Stunden, bis wir schließlich die Grenze zu Iran erreichten. Doch die Erleichterung, die ich erwartet hatte, war nicht spürbar. Als wir in der Nähe der Grenze hielten, wurde uns klar, dass der wahre Kampf noch vor uns lag.

Die Sonne war längst untergegangen, und wir befanden uns mitten in der Wüste. Das Terrain war rau, das unendliche Sandmeer erstreckte sich bis zum Horizont. Die Luft war trocken, und die Temperaturen sanken rasch. Wir mussten stundenlang warten, ohne Wasser, ohne Essen. Es war ein Moment der totalen Erschöpfung. Viele von uns saßen einfach auf dem Boden, stumm, ohne ein Wort zu sprechen. Der Schlaf kam nicht, denn jeder wusste, dass wir hier nicht lange verweilen konnten. Aber es war unsere einzige Chance, weiterzukommen.

Der Wüstensand, der sich überall zu sammeln begann, versuchte uns zu ersticken. Es war fast unmöglich, sich zu bewegen. Der Durst und die Hungerqualen machten uns fast wahnsinnig, doch wir hatten keine Wahl. Irgendwann – und ich wusste nicht, wie lange es dauerte – kam ein weiteres Fahrzeug, das uns in Gruppen weiterbrachte. Die Grenze zu Iran war das nächste Ziel. Ein weiteres Land, ein weiterer Abschnitt der Flucht, der uns auf die nächste Stufe unserer Reise führte.

Es war schwer, sich der Realität zu stellen. Aber dieser Moment in der Wüste war mehr als nur eine Pause. Es war ein symbolischer Abschnitt einer Reise, die nie enden würde, bis wir sicher waren.

Kapitel 6: Die Hölle von Iran

Nach der langen, nervenaufreibenden Fahrt durch Pakistan standen wir nun vor der nächsten, unvorstellbaren Hürde: die iranische Grenze. Der Wüstenwind peitschte uns ins Gesicht, und wir befanden uns weit entfernt von jeglicher Zivilisation. Es war mitten in der Nacht, und der Himmel war unendlich dunkel, nur durchbrochen von den fernen Lichtern der Grenzanlagen. Ich hatte das Gefühl, dass die Wüste uns verschlingen würde, dass sie uns für immer in ihrem staubigen Bauch behalten würde. Der Schleuser, der uns bis hierher begleitet hatte, war nun noch nervöser als zuvor. Seine Stimme war kaum mehr als ein Flüstern, als er uns seine letzten Anweisungen gab:

„Bleibt leise. Wenn die Grenzpolizei uns erwischt, sind wir tot oder landen im Gefängnis."

Ich sah mich um. Um mich herum waren etwa 50 andere Menschen – Männer, Frauen, Kinder. Wir waren alle durch die gleichen Ängste verbunden. Alle schwiegen, aber jeder konnte die Anspannung in den Gesichtern der anderen spüren. Unsere Blicke waren leer, unsere Herzen wild am Schlagen. Der Iran war bekannt für seine brutale Behandlung von Flüchtlingen. Wer hier ohne Erlaubnis erwischt wurde, konnte mit allem rechnen: Verhaftung,

Folter, Schläge oder sogar mit dem Tod. Diese Tatsache war uns allen schmerzlich bewusst, und doch gab es kein Zurück. Unsere einzige Hoffnung war, vor der Polizei in den iranischen Städten unterzutauchen und die Grenze hinter uns zu lassen.

Wir mussten stundenlang durch die dunkle, endlose Wüste laufen. Die Sterne, die über uns funkelten, waren wie kleine Lichter der Hoffnung, aber sie boten keinen Schutz vor dem, was vor uns lag. Der heiße, trockene Sand stach in meine Füße, der Boden unter mir war rau und hart. Es schien, als würden die Sandkörner bei jedem Schritt gegen meine Haut peitschen. Der Wind war unbarmherzig, und es fühlte sich an, als ob er uns immer weiter nach unten drückte, als ob er uns sagen wollte, dass es kein Entkommen gab. Mein Hals war trocken, jeder Atemzug war schwer. Die Kälte der Nacht kroch durch meine Kleidung und ließ meinen Körper zittern. Doch es gab kein Zurück, keine Pause – wir mussten weiter.

Jeder Schritt fühlte sich an, als würde ich gegen einen unsichtbaren Feind kämpfen, gegen die Wüste, gegen die Angst, gegen die Zeit, die immer schneller verging. Ich konnte die anderen Flüchtlinge hören – das Stöhnen von Erschöpfung, das Flüstern von Gebeten. Doch niemand sprach wirklich miteinander. Jeder war in Gedanken versunken, in der eigenen Angst gefangen. Mein Blick war starr auf den Boden gerichtet, als ich versuchte, mein

Gleichgewicht zu halten. Der Schleuser führte uns, er wusste, wohin wir gingen – er war ein erfahrener Mann, der mit diesen gefährlichen Wegen vertraut war. Doch selbst er war nervös. Und das war ansteckend.

Plötzlich brach die Stille wie ein lauter Knall. Ein Schuss. Dann noch einer. Das Geräusch hallte in der Wüste wider. Mein Herz raste, ich hatte das Gefühl, dass die Erde unter mir zitterte. Adrenalin schoss durch meine Adern. Was war das? Wer hatte geschossen? Waren es Soldaten? Oder andere Schleuser, die uns ausspionierten? Der Schleuser drängte uns sofort zu Boden. „Runter!", rief er, und wir fielen auf den staubigen Boden, als wären wir alle in einem einzigen Moment zu einer Masse aus ängstlichen, zitternden Körpern geworden.

Ich lag mit meinem Gesicht im Sand und versuchte, mich so still wie möglich zu verhalten. Mein Herz hämmerte in meiner Brust, meine Atmung war flach. Ich wusste nicht, ob es nur eine Warnung war oder ob der Schuss uns tatsächlich gemeint hatte. Der Sand klebte an meiner Haut, der Geschmack von Angst war auf meiner Zunge. Die Sekunden zogen sich in die Länge. Ein brennendes Gefühl in meiner Kehle erinnerte mich daran, wie durstig ich war, doch ich wagte nicht zu atmen, geschweige denn zu sprechen.

Die Schüsse hörten auf. Es war unheimlich still. Kein Wort, kein Geräusch. Ich hörte nur mein eigenes Herz pochen, das wie ein Hämmerer gegen meine Brust schlug. Minuten vergingen, und der Schleuser gab uns schließlich ein Zeichen. „Weiter!“, sagte er leise, fast wie ein Flüstern. Wir krochen durch den Sand, jeder Schritt vorsichtig und bedacht, als wären wir Gejagte, die in der Dunkelheit der Nacht verschwinden mussten, bevor das Unvermeidliche eintrat.

Wir erreichten eine kleine Vertiefung im Sand, und dort wartete ein rostiger Pick-up auf uns. Der Fahrer, ein dünner, unauffälliger Mann mit einem abgewetzten Hut, nickte uns zu, als wir in die Nähe kamen. Seine Augen waren voller Misstrauen, aber er sagte kein Wort. Der Schleuser schob uns an die Ladefläche des Fahrzeugs, und wir kletterten auf den rostigen Pickup, der kaum genug Platz für uns alle bot. Zusammengepfercht, lagen wir übereinander. Mein Körper war völlig erschöpft, meine Glieder schmerzten, aber wir durften nicht reden, nicht bewegen. Nur Stille. Nur der Sand, der an uns vorbeizog.

Der Fahrer fuhr los, der Motor des Pick-ups knatterte laut in der Stille der Nacht. Der Wind riss an unseren Gesichtern, die Kälte schien uns fast zu ersticken. Wir fuhren mit etwa 100-120 km/h durch die Wüste, die Dunkelheit um uns herum war erdrückend. Der Pickup schlingerte über die holprigen Pisten, der Sand wehte in unseren Gesichtern. Jeder von uns klammerte sich fest, während der Fahrer mit einem ruhigen, fast mechanischen Tempo weiterfuhr. Es war, als ob er das Leben der Menschen auf der Ladefläche nicht einmal beachtete.

Stunden vergingen. Der Himmel begann sich zu verändern, die ersten Lichtstrahlen des Morgens brachen durch die Dunkelheit und malten die Wüste in einen blassen, goldenen Farbton. Die Sonne ging langsam auf, und mit ihr kam die Angst. Der Iran war noch nicht überstanden. Wir hatten die Grenze vielleicht hinter uns gelassen, aber in unseren Köpfen war die wahre Gefahr noch lange nicht vorbei.

Als wir die erste Stadt im Iran erreichten, wusste ich, dass die Reise noch lange nicht vorbei war. Die Stadt war ein großer, unscheinbarer Fleck in der Wüste, und wir mussten uns sofort verstecken. Der Fahrer brachte uns in ein abgelegenes Lagerhaus, in dem wir uns auf dem kalten, hartem Boden kauerten und darauf warteten, dass die Gefahr vorüberging. Iranische Polizisten durchsuchten die Gegend, und wir wussten, dass wir keine Zeit zu verlieren hatten. Sie suchten nach Flüchtlingen, nach Menschen wie uns, die ohne Papiere unterwegs waren, die ohne Erlaubnis im Land waren.

Wir blieben tagelang dort, verborgen in diesem dunklen Lagerhaus, jeder von uns mit der ständigen Angst, entdeckt zu werden. Das Warten war der schlimmste Teil – die Zeit schien sich unendlich zu dehnen, als hätten wir in dieser düsteren Ecke der Welt keine Zukunft. Aber wir wussten, dass dies nur ein weiterer Abschnitt unserer Reise war. Und der nächste würde noch gefährlicher sein.

Kapitel 7: Flucht durch den Iran – Ein Monat voller Gefahren, Angst und Hoffnung

Nachdem ich die Grenze zwischen Pakistan und Iran überquert hatte, war die Reise für mich alles andere als einfach. Ich kam in einem kleinen Dorf namens Saravan an. Die Reise bis hierhin war bereits eine große Herausforderung gewesen, aber ich wusste, dass die eigentliche Gefahr und das Ungewisse noch vor uns lagen. Die unerbittliche Hitze des Tages, die beißende Kälte der Nacht und die ständige Angst vor Entdeckung verfolgten uns. Doch wir mussten weitermachen. Wir hatten keine andere Wahl.

Der Zwischenstopp in Saravan – Die ersten Erfahrungen in Iran

Saravan war ein kleiner, abgelegener Ort, der mehr als nur ein Zwischenstopp war. Es war ein Moment des Verschnaufens, doch in einer solchen Situation gab es keinen Raum für Erleichterung. Der Iran war für uns als Flüchtlinge ein gefährliches Land, das uns weder Frieden noch Sicherheit bieten konnte. Ein iranischer Fahrer nahm uns in seinem Wagen mit und brachte uns nach Iranshahr, einem weiteren Ort, an dem wir uns verstecken mussten. Die Reise war voller Nervosität, und ich konnte nur hoffen, dass wir nicht entdeckt würden.

In Iranshahr angekommen, wurden wir in einem kleinen Haus versteckt. Die Fenster waren verhängt, und wir wagten kaum zu sprechen. Die Stille in diesem Haus war beinahe unerträglich. In der Nähe patrouillierte die Polizei, und wir wussten, dass sie jederzeit vor der Tür stehen könnten. Unser Aufenthalt in Iranshahr dauerte zwei Tage, doch die Zeit schien sich zu dehnen. Jede Stunde, jede Minute fühlte sich an wie eine Ewigkeit.

Der gefährliche Weg nach Kerman – Die Brutalität der Polizei

Nach zwei Tagen entschieden die Schlepper, dass es Zeit war, weiterzuziehen. Unser Ziel war Kerman, doch der Weg dorthin war berüchtigt. Die Polizeikontrollen in Bampasga waren für ihre Brutalität bekannt. Flüchtlinge, die dort erwischt wurden, verschwanden häufig spurlos.

Die Aussicht, in die Hände der Polizei zu geraten, war ein Albtraum, den wir nicht erleben wollten. Doch der Weg war kein einfacher.

In der tiefsten Dunkelheit machten wir uns auf den Weg. Die Berge, die wir durchqueren mussten, waren steinig und rau. Es war ein hartes Stück Arbeit, und der Marsch zog sich. Ständig mussten wir auf der Hut sein, jederzeit bereit, in die Berge zu flüchten, wenn die Polizei auftauchte. Wir stiegen immer höher, während die Kälte in unsere Knochen kroch. Unsere Füße wurden schwerer, jeder Schritt schien uns mehr zu ermüden. Doch das war nicht die größte Gefahr. Das eigentliche Risiko war, dass uns jede falsche Bewegung das Leben kosten konnte.

Die Schüsse in der Nacht – Verfolgung und Panik

Plötzlich durchbrach ein Schuss die Nacht. Dann noch ein weiterer. Panik breitete sich aus. Die Polizei war auf uns aufmerksam geworden. Wir hörten das Heulen von Motoren in der Ferne. Unser Fahrer gab Gas und raste weiter, während Kugeln die Reifen unseres Fahrzeugs trafen. Doch der Fahrer gab nicht auf. Mit unvorstellbarer Geschwindigkeit fuhr er weiter, als ob er gegen das Schicksal selbst ankämpfte. Die Gefahr war greifbar.

Nach einer gefühlten Ewigkeit hielt der Fahrer schließlich an und rief uns zu: „Steigt aus. Versteckt euch in den

Bergen. Ich komme später zurück.“ Ohne zu zögern gehorchten wir. In der Dunkelheit der Berge, in völliger Stille, harrten wir stundenlang aus. Das Herz hämmerte in meiner Brust. Jeder Moment, in dem wir uns versteckten, war eine weitere Herausforderung. Doch wir wussten, dass wir noch nicht sicher waren.

Die weitere Reise – Die Gefahren in Kerman und Shiraz

Als unser Fahrer zurückkehrte, setzten wir die Reise fort. In Kerman mussten wir uns erneut verstecken. Die Stadt war voll von Polizeikontrollen, und jeder Fehler konnte uns das Leben kosten. Doch der Drang, weiterzumachen, war stärker als unsere Angst. Wir wussten, dass wir keine andere Wahl hatten.

Schließlich fuhren wir weiter nach Shiraz, wo uns ein weiterer Schock erwartete. Unsere Reise nahm eine beängstigende Wendung, als wir in einem kleinen Transporter untergebracht wurden. Der Raum war viel zu eng, und die Luft war stickig. Wir saßen dicht an dicht, ohne zu wissen, was uns als Nächstes bevorstand. Die Stunden in diesem Transporter schienen sich in unendliche Weiten auszudehnen.

In Shiraz angekommen, wurden wir in einem weiteren Versteck untergebracht. Die Wände waren feucht, das

Licht schummrig. Die Zeit schien stillzustehen. Es war, als befände man sich in einem ewigen Albtraum, aus dem es kein Erwachen gab. Doch das Wissen, dass wir nicht aufgeben durften, hielt uns am Leben. Jeden Tag wuchs die Hoffnung, dass wir das Schlimmste hinter uns lassen könnten.

Unter der Brücke – Die Flucht vor der Polizei

Die Reise nahm noch gefährlichere Züge an, als wir an einer Polizeikontrolle außerhalb von Shiraz vorbeikamen. Die Schlepper waren bereits verschwunden, und wir mussten uns selbst retten. Die einzige Möglichkeit, uns zu verstecken, war unter einer Brücke. Wir drückten uns in den Schatten und warteten, bis die Gefahr vorüber war. Es war der Moment, in dem wir uns ganz auf uns selbst verlassen mussten.

Doch es war nicht das Ende der Reise. Eine Gruppe fremder Männer tauchte auf und sagte: „Kommt mit uns." Unsere Vorräte waren fast aufgebraucht, und die Angst schnürte uns die Kehle zu. Wir hatten keine Wahl.

Der Überfall in Isfahan – Ein neuer Schock

Als wir nach Isfahan kamen, erlebten wir den nächsten Schock. Die Männer, die uns abgeholt hatten, waren keine Schlepper. Sie entpuppten sich als Diebe. Sie sperrten uns in einen kleinen Raum und nahmen uns das wenige Geld, das wir noch bei uns hatten. Zwei Tage lang waren wir gefangen, ohne Aussicht auf Hilfe.

Doch dann tauchte plötzlich unser ursprünglicher Schlepper auf und rettete uns. Nach einer hitzigen Diskussion erklärten die Diebe schließlich: „Diese Leute gehören zu mir.“ Und so wurden wir freigelassen.

Die Bestechung der Polizei – Teheran und Tabriz

Von Isfahan aus führte uns die Reise nach Teheran. Doch auch hier gab es wieder eine Polizeikontrolle. Die Straßen waren von Stachelsperren gesperrt, und unser Fahrer wusste, dass er nicht durchkommen würde. Also hielt er eine Stunde vor der Kontrolle an und sagte nur: „Steigt aus. Geht zu Fuß weiter.“

Nach einiger Zeit rief ich vorsichtig nach den anderen: “Bist du da? Bist du da?” Schließlich hörte ich eine vertraute Stimme. Wir waren nicht alleine. Eine kleine Gruppe hatte sich wiedergefunden. Mitten in der Nacht, ohne Schutz, ohne Orientierung, mussten wir zu Fuß weitergehen. Unsere Reise war geprägt von der Dunkelheit und der eisigen Kälte, die uns immer weiter quälte. Doch wir hatten keine Wahl. Plötzlich tauchte ein afghanischer Arbeiter auf und fragte uns, wohin wir wollten. Wir erklärten ihm, dass unser Ziel Teheran war, doch er schlug vor, bei ihm zu bleiben und zu arbeiten. Aber wir wussten, dass das keine Option war.

Einige Stunden später tauchte ein Wagen auf, und wir wurden zu einem Haus gebracht. Der Mann ließ uns jedoch nicht hinein, sondern sagte nur: „Geht hinter den Garten." Mein Begleiter bekam Panik, doch ich wusste, dass Flucht keine Lösung war. Wir mussten bleiben.

Am nächsten Tag fuhren wir weiter nach Teheran. Doch bevor wir die Stadt erreichten, musste unser Fahrer noch einmal die Polizei bestechen. Ich beobachtete, wie er Geldscheine an die Beamten überreichte und uns schließlich weiterfahren ließ. In Teheran angekommen, war es noch nicht vorbei. Unsere Reise ging weiter nach Tabriz – die letzte Hürde vor der Grenze zur Türkei.

Die Grenze zur Türkei – Der schwierigste Teil der Reise

Von Teheran aus führte uns der letzte Abschnitt nach Tabriz, und von dort sollten wir über die Grenze in die Türkei fliehen. Es war der härteste Teil der Reise. Doch auch hier wussten wir: Wir mussten weitergehen, um unser Leben zu retten. Unsere Reise war geprägt von Angst, Verzweiflung und der Hoffnung auf eine bessere Zukunft.

Und auch wenn wir so viel durchgemacht hatten, wusste ich, dass wir noch nicht am Ziel waren. Aber wir hatten keine Wahl – wir mussten weiterkämpfen.

Kapitel 8: Der erste und zweite Versuch – Der lange Weg zur Freiheit

Der erste Versuch: Der Tunnel und die Flucht durch die Berge

Die Nacht war kalt und still. Nur das leise Murmeln des Windes, der durch die kargen Hügel wehte, war zu hören. Unsere Gruppe, sechzehn Menschen, stand dicht gedrängt in der Dunkelheit, während wir auf das Zeichen zum Aufbruch warteten. Wir befanden uns nahe der Grenze zur Türkei, an einem abgelegenen Punkt, wo sich ein kleiner Tunnel befand – unser geheimer Weg ins Ungewisse.

Das Fahrzeug, das uns hierhergebracht hatte, konnte nicht weiterfahren. Die Grenze war zu nahe, und die Soldaten der Türkei patrouillierten mit scharfen Augen entlang des befestigten Gebiets. Also mussten wir zu Fuß weiter. Die Anspannung war spürbar – jeder von uns wusste, dass ein einziger Fehler unser aller Schicksal besiegeln konnte.

„Los jetzt“, flüsterte der Führer. „Wir haben nur wenige Minuten.“

Einer nach dem anderen krochen wir in den Tunnel. Die Luft darin war feucht und stickig. Jeder Atemzug fühlte sich schwer an, während wir uns langsam vorwärtsbewegten. In der Dunkelheit spürte ich nur den kalten Boden unter meinen Händen und das leise Keuchen der Menschen vor mir.

Nach drei oder vier Minuten kamen wir auf der anderen Seite heraus. Das Licht der fernen Straßenlampen tauchte die karge Landschaft in ein schwaches Glimmen. Wir waren nun offiziell auf türkischem Boden, aber noch lange nicht in Sicherheit.

„Schnell! Wir müssen hoch in die Berge!“ rief der Führer leise, aber bestimmt.

Wir rannten los. Der steile Anstieg forderte unsere Kräfte, doch wir durften nicht langsamer werden. Jeder Schritt war ein Kampf gegen die Erschöpfung. Überall um uns herum standen vereinzelte, kleine Bäume – die einzigen Verstecke, die wir hatten.

Hinter uns, in der Ferne, hörten wir die Motoren von Fahrzeugen. Türkische Soldaten patrouillierten das Grenzgebiet, suchten mit großen Scheinwerfern die

Umgebung ab. Ich wagte es nicht, mich umzudrehen, aber ich spürte, dass sie uns jederzeit entdecken könnten.

Nach etwa vier Stunden ununterbrochener Flucht durch das unwegsame Gelände wurde die Situation immer gefährlicher. Die Scheinwerfer der Soldaten tasteten das Gebiet ab – und dann kam der Moment, vor dem wir uns am meisten gefürchtet hatten.

Ein grelles Licht traf unsere Gruppe.

„Hinlegen!“ flüsterte jemand panisch. Wir warfen uns auf den Boden, krochen unter die wenigen Büsche, die uns Deckung boten. Aber es war zu spät. Die Fahrzeuge der türkischen Polizei näherten sich, und die Motorengeräusche wurden lauter.

Dann der Befehl: „Hände hoch!“

Widerstand war zwecklos. Einer nach dem anderen erhoben wir langsam die Hände. Die Soldaten waren bewaffnet, und ihre Blicke waren hart. Sie begannen, uns zu zählen. „Sechzehn“, sagte einer von ihnen knapp.

Ich wusste, was als Nächstes kommen würde. Einige aus unserer Gruppe wurden geschlagen – nicht brutal, aber es war eine klare Warnung. Schließlich verluden sie uns in ein Fahrzeug und brachten uns zurück nach Iran. Unser erster Versuch war gescheitert.

Der zweite Versuch: Der gefährliche Weg nach Razi

Aber Aufgeben war keine Option.

Nach der Rückkehr in Iran mussten wir uns neu organisieren. Unser Führer entschied, dass wir die Route ändern mussten. Dieses Mal würden wir über das Dorf Maku und weiter nach Razi gehen. Die neue Route bedeutete jedoch, dass wir eine zusätzliche Herausforderung zu bewältigen hatten: die iranischen Kontrollpunkte.

Wir fuhren zunächst sechs Stunden mit einem kleinen Auto durch die Berge. Die Straßen waren schmal und voller Schlaglöcher. Jedes Mal, wenn wir einen Kontrollpunkt der iranischen Polizei passierten, hielten wir den Atem an. Die Angst, entdeckt zu werden, war unser ständiger Begleiter.

Nach sechs Stunden Fahrt mussten wir das Fahrzeug wechseln. Ein Pick-up wartete auf uns – ein geländegängiges Auto, das uns weiter durch das unwegsame Gebirge bringen sollte. Diese Fahrt dauerte zwei Stunden und war eine der schwierigsten unseres Lebens. Die schmalen Bergwege waren von Eis bedeckt, und der Pick-up kämpfte sich mit Mühe durch die Serpentinen.

Schließlich erreichten wir den Punkt, an dem wir zu Fuß weitergehen mussten. Fünf Stunden lang kämpften wir uns durch den Schnee. Die Kälte kroch durch unsere Kleidung, und unsere Füße wurden mit jedem Schritt schwerer. Aber wir durften nicht aufgeben.

Nach endlos erscheinenden Stunden erreichten wir schließlich das Dorf Razi. Wir waren erschöpft, aber wir wussten, dass der zweite Versuch bald beginnen würde.

Der zweite Versuch: Die Flucht mit 400 Menschen

Nach einem Tag der Ruhe war es so weit. Unsere Gruppe hatte sich mittlerweile auf 400 Menschen vergrößert. Die Nacht war sternenklar, aber bitterkalt.

Der Marsch begann. Fünf Stunden lang liefen wir durch tiefen Schnee, die Füße eiskalt und die Muskeln brennend vor Erschöpfung. Wir bewegten uns in einer langen, stillen Schlange – niemand sprach, jeder konzentrierte sich darauf, weiterzugehen.

Als wir die Grenze erreichten, hofften wir, dass diesmal alles gut gehen würde. Doch dann, in der Ferne, bewegten sich Schatten. Türkische Soldaten patrouillierten das Gebiet. Plötzlich erhellten riesige Strahler den Himmel.

Der Führer erstarrte. „Zurück!“ flüsterte er.

Wir warteten zwei Stunden, hofften, dass die Soldaten verschwinden würden. Doch sie blieben. Schließlich gab unser Führer das Zeichen zum Rückzug.

Der zweite Versuch war ebenfalls gescheitert.

Der Rückweg nach Razi

Zurück in Razi mussten wir uns erneut verstecken. Die iranische Polizei wusste, dass Flüchtlinge in dieser Gegend unterwegs waren, und sie kontrollierten alles. Wir mussten uns in verschiedenen Häusern verstecken, um nicht entdeckt zu werden.

Die Nächte waren lang und voller Angst. Wir wussten, dass wir irgendwann erneut versuchen würden, die Grenze zu überqueren. Aber der Weg war gefährlich, und die

Gefahr, gefasst zu werden, wurde mit jeder gescheiterten Flucht größer.

Doch eines war sicher: Wir würden nicht aufgeben.

Kapitel 9: Der dritte Versuch – Schnee, Angst und die versteckte Fahrt in die Türkei

Versteckt im Dorf Razi – Die ständige Gefahr

Nachdem unser zweiter Versuch gescheitert war, mussten wir uns wieder verstecken. Das Dorf Razi war voller Flüchtlinge, aber auch voller Gefahren. Die iranische Polizei suchte nach Menschen wie uns, die versuchten, die Grenze zu überqueren. Jeder Fehler konnte bedeuten, dass wir entdeckt und abgeschoben wurden. Deshalb wurden wir auf verschiedene Häuser verteilt. Ich war mit etwa 40 anderen in einem kleinen Raum. Es war eng, die Luft war stickig, und die Anspannung lag schwer in der Luft. Niemand sprach laut, jeder Flüsterton konnte uns verraten.

Eine der wichtigsten Personen in diesem Moment war die Mutter unseres Führers. Sie war eine starke Frau, die uns nicht nur mit Essen versorgte, sondern auch mit den

Soldaten sprach, wenn sie im Dorf nach uns suchten. Als eines Abends die Polizei an die Tür klopfte, blieb sie ruhig. „Hier gibt es keine Fremden“, sagte sie fest. Die Soldaten musterten sie misstrauisch, doch schließlich zogen sie weiter. Erst als ihre Schritte verklangen, wagten wir wieder zu atmen.

Die Entscheidung – Wer wagt den dritten Versuch?

Am Abend kam dann die entscheidende Frage: „Wer will heute Nacht gehen?“ Diesmal durften nur 80 Menschen mitkommen. Viele hatten Angst. Einige waren krank. Andere waren nach den ersten beiden gescheiterten Versuchen zu erschöpft, um es noch einmal zu versuchen. Ich aber wusste, dass ich nicht länger warten konnte. „Ich bin dabei“, sagte ich entschlossen. Einige meiner Freunde versuchten, mich umzustimmen. „Bleib hier. Wenn du alleine gehst und etwas passiert, was dann?“ Aber ich wusste, dass jede weitere Nacht das Risiko erhöhte, entdeckt zu werden. „Ich muss gehen“, antwortete ich.

Dies Fahrt in den Schnee – Der Weg zur Grenze

Draußen warteten zehn Autos. Sie waren alt und unauffällig – perfekt, um keine Aufmerksamkeit zu erregen. Sechs bis sieben Menschen quetschten sich in jedes Fahrzeug. Die Nacht war eiskalt. Schnee fiel leise vom Himmel, der Wind pfiff durch die engen Gassen des Dorfes. Dann begann die Fahrt.

Die Straßen waren rutschig, die Reifen kämpften gegen den Schnee. Nach etwa einer Stunde stoppte der Fahrer plötzlich. „Hier steigt ihr aus“, sagte er knapp. Vor uns lag eine endlose weiße Landschaft – Schnee, soweit das Auge reichte. Keine Straßen, nur Hügel, Felsen und Eis. „Von hier an geht ihr zu Fuß“, sagte einer der Führer. „Es sind noch einige Stunden bis zur Grenze.“ Ich zog meine Jacke fester um mich und trat in den tiefen Schnee.

Der Marsch durch die Dunkelheit – Nebel, Kälte und Angst

Der Nebel war so dicht, dass wir kaum ein paar Meter weit sehen konnten. Jeder Schritt war schwer. Unsere Füße versanken tief im Schnee, die Kälte wurde mit jeder Minute unerträglicher. Links von uns und rechts von uns – auf beiden Seiten – standen türkische Grenzposten. Kleine Gebäude, in denen Soldaten die Grenze bewachten. Wir durften kein Geräusch machen.

Nach zwei Stunden sahen wir schließlich einen tiefen Graben im Boden. „Das ist die Grenze“, flüsterte unser Führer. Es war keine Mauer, kein Zaun – nur eine tiefe

Vertiefung in der Erde. Wer hineinrutschte, konnte sich nur schwer wieder herausziehen. Wir kletterten vorsichtig hinunter. Mein Herz raste. Jeder falsche Schritt konnte uns verraten. Dann endlich standen wir auf der anderen Seite. „Wir sind in der Türkei“, sagte unser Führer leise. Ein Gefühl der Erleichterung breitete sich aus. Doch wir wussten: Wir waren noch nicht in Sicherheit.

Warten auf die Autos – Stunden der Unsicherheit

Vor uns lag eine Straße. Wenn wir sie überquerten, konnten wir gesehen werden. „Wir müssen warten“, sagte unser Führer. Also hockten wir uns in den Schnee. Vier Stunden lang saßen wir dort, bewegungslos. Schnee fiel immer dichter, die Kälte kroch in unsere Knochen. Ich spürte meine Füße kaum noch. Einige schliefen kurz ein, andere rieben sich die Hände, um warm zu bleiben.

Nach endlosen Stunden kamen endlich zwei Autos. „Schnell rein“, flüsterte der Fahrer. Wir sprangen hinein. 40 Menschen in ein Auto, 40 in das andere. Es war eng, zu eng. Ich konnte kaum atmen, aber niemand beschwerte sich. Es war besser als die Kälte draußen.

Die versteckte Fahrt – Umgehen der Polizeikontrollen

Die Autos fuhren los. Die Fahrer kannten die Strecke gut. Doch die Hauptstraßen waren gefährlich. Überall gab es

Polizeikontrollen. Also nahmen sie eine Traktorpiste, eine kleine, unbefestigte Straße durch den Schnee. Nach etwa zwei Stunden stoppte das Auto plötzlich. „Was ist los?“ fragte jemand nervös. Der Fahrer fluchte leise. „Wir stecken fest.“

Der Schnee war zu tief, der Boden zu weich. Die Räder drehten durch. „Niemand bewegt sich“, sagte der Fahrer. Wir saßen eine Stunde lang still. Draußen hörten wir nichts außer den Wind. Dann sagte der Fahrer endlich: „Wir müssen aussteigen und schieben.“

Einer nach dem anderen kletterte aus dem Fahrzeug. Wir versuchten, das Auto aus dem Schnee zu schieben, aber es war schwer. Nach mehreren Versuchen halfen uns die Fahrer des zweiten Autos. Gemeinsam schafften wir es schließlich, das Fahrzeug zu befreien. Dann ging es weiter.

Die Ankunft in Van – Ein neues Versteck

Nach mehreren Stunden erreichten wir endlich die Stadt Van. Dort wartete ein großes Haus auf uns. Es war ein Versteck, in dem wir für eine Weile sicher sein sollten. Doch für mich war es noch nicht das Ende. Ein Mann wartete auf mich. „Komm mit mir“, sagte er.

Er brachte mich in ein kleineres Haus. Dort sollte ich vier Tage bleiben. Ich wusste nicht, wer er war. Aber er kannte meinen Namen. Ich hatte keine Wahl. Wenn ich weiter wollte, musste ich ihm vertrauen.

Nach vier Tagen kam schließlich die nächste Nachricht. Mein Ziel war nun die Stadt Tatvan..

Kapitel 10: Von Van bis zum ersten Versuch nach Bulgarien

Nachdem ich in Van angekommen war, fühlte ich mich wie ein Fremder in einem unbekannten Land. Es war eine völlig neue Umgebung, und ich hatte keinerlei Vorstellung davon, was mich erwartete. Ich wurde in ein kleines Dorf gebracht, das von hohen Bergen umgeben war, die in der Ferne wie schützende Mauern aussahen. Die Menschen in diesem Dorf sprachen eine andere Sprache als die, die ich gewohnt war, und es war mir schwer, mich in dieser fremden Kultur zurechtzufinden. Ich lebte einige Tage in einem einfachen Haus, das eher bescheiden und alt wirkte. Es gab nur wenige Möbelstücke, und der Raum war dunkel und kühl. Doch in diesem Moment war es mein Zufluchtsort. Der Kontakt zu anderen Flüchtlingen war sporadisch, doch ich hatte das Gefühl, nicht wirklich zu wissen, wem ich vertrauen konnte. Nach diesen Tagen kam schließlich eine Person, die mich abholte. Er war ein Mann mittleren Alters, dessen Gesicht von den

Schwierigkeiten des Lebens gezeichnet war. „Ich bringe dich nach Istanbul“, sagte er mit einem Hauch von Entschlossenheit in seiner Stimme. Doch er erklärte mir auch, dass der Weg dorthin lang und voller Gefahren sein würde – mindestens genauso gefährlich wie der Durchgang durch den Iran. Ich wusste, dass ich nicht umkehren konnte.

Nach vier langen Tagen der Ungewissheit und des Wartens, machten wir uns endlich auf den Weg. Wir fuhren in einem gemischten Konvoi – ein PKW, einige Transporter und Lastwagen. Die Straßen waren schlecht und oft von Schlaglöchern durchzogen, was die Reise beschwerlich machte. Doch die größte Sorge war die ständige Bedrohung durch die Polizei, die überall an den Straßen postiert war, immer auf der Jagd nach illegalen Migranten. Es war klar, dass jeder Moment, in dem wir in Gefahr liefen, erwischt zu werden, unser Leben für immer verändern konnte.

Schließlich erreichten wir das Meer. Doch die Fahrt war noch lange nicht vorbei. Kurz vor der Küste wurden zwei der Autos in unserem Konvoi von der Polizei gestoppt. Es war ein Albtraum. Die Beamten hatten uns sofort erkannt und die Insassen aus den Fahrzeugen geholt. Sie wurden in Handschellen abgeführt, während ich in meinem Auto saß und versuchte, ruhig zu bleiben. Ein kalter Schauer lief mir über den Rücken. Es war eine schreckliche Erinnerung daran, wie zerbrechlich unser Plan war und wie nah wir der Gefahr waren. Wir mussten daraufhin für zwei weitere Tage warten, bis wir es erneut versuchten.

Der zweite Versuch war intensiver und unvorhersehbarer. Diesmal gelang es uns, das Meer zu erreichen, und wir bestiegen ein kleines Boot. Es war ein wackeliges, altes Ding, das kaum den Wellen standhalten konnte. Die Reise über das Wasser war lang und beängstigend. Wir fuhren etwa vier bis fünf Stunden, wobei jeder von uns die Angst in den Gesichtern der anderen sah. Das Ziel war die Stadt Tatwan, aber wir kamen nie wirklich dorthin. Stattdessen landeten wir an einem abgelegenen, bergigen Ort, der von Polizeiposten umgeben war. Wir mussten in der Dunkelheit weitergehen, in der Hoffnung, den Beamten zu entkommen.

Eine Nacht voller Angst und Unsicherheit

Es war mitten in der Nacht, gegen 2:00 Uhr, als wir begannen, zu Fuß weiterzulaufen. Der Weg war steil und von uns konnte niemand sicher sagen, wohin er führte. Wir hielten uns immer in der Nähe der Straße, doch der Zugang zu dieser war uns verboten. Überall war die Polizei, und jeder Schritt konnte der letzte sein, den wir in Freiheit machten. Wir bewegten uns in Stille, unsere

Schritte gedämpft durch die Kälte und das Wissen, dass jede falsche Bewegung unser Ende sein könnte.

Stundenlang liefen wir, immer weiter, immer auf der Hut. Ich konnte kaum mehr spüren, wie meine Füße den Boden berührten. Schließlich sahen wir ein kleines Haus in der Ferne. Es war eine schwache Hoffnung in der Dunkelheit – ein Ort, an dem wir uns vielleicht verstecken konnten. Doch als wir das Haus betraten, kamen zwei Männer auf uns zu. Sie schauten uns misstrauisch an und drohten, die Polizei zu rufen, falls wir nicht sofort gingen. Wir hatten keine Wahl. Wir mussten weiter. Unser Herz pochte, als wir wieder in die Nacht hinausliefen. Es war ein ständiges Spiel von Verstecken und Suchen. Jedes Mal, wenn wir versuchten, uns irgendwo zu verstecken, wurde unser Unterschlupf entdeckt, und wir mussten erneut fliehen.

Die Stunden vergingen wie in einem Albtraum, und der nächste Morgen brachte keine Erleichterung. Um 7:00 Uhr am nächsten Tag erreichte uns schließlich die Nachricht, dass der Mann, der uns führen sollte, nun da war. Es war ein schwacher Trost, doch wir hatten keine Wahl. Wir mussten weiter, koste es, was es wolle.

Am Abend dieses Tages, als die Dunkelheit erneut über uns fiel, setzten wir unsere Reise fort – dieses Mal in einem LKW.

Im LKW eingepfercht

Der LKW war ein gigantischer Transporter, der mit rund 120 Menschen vollgestopft war. Jeder Platz war besetzt, und wir saßen oder standen eng aneinander gedrängt. Der Fahrer konnte uns nicht viel bieten, außer der ständigen Hoffnung, dass er uns in Sicherheit bringen würde. Doch der Lärm der Motoren und das ständige Schwanken des Fahrzeugs machten die Fahrt zu einer quälenden Erfahrung. Jeder Atemzug war ein Kampf, und die Enge machte es uns noch schwerer, ruhig zu bleiben.

Nach etwa zwei Stunden Fahrt hielten wir plötzlich an. Die Polizei hatte uns gestoppt. Es war ein erneuter Albtraum, als wir aus dem LKW gezogen und auf einen nahegelegenen Volleyballplatz gebracht wurden. Dort durften wir uns setzen, und es gab etwas zu essen, aber der Gedanke an die Polizei und was mit uns geschehen würde, war zu überwältigend, um den Moment zu genießen. Schon bald wurde uns klar, dass dies noch nicht das Ende unserer Reise war. Es war nur eine weitere Hürde auf dem Weg zu unserem Ziel.

Der Moment der Wahrheit war gekommen. Wir wurden vor eine Entscheidung gestellt: Abschiebung oder Gefängnis. Es war eine furchtbare Wahl, und ich konnte nicht aufhören zu denken, was es für mich bedeuten würde, nach Iran zurückzukehren. Es war keine Option.

Der Gedanke, dort wieder zu landen, war unerträglich. Die anderen sahen mich mit denselben Augen an – die Augen derer, die nichts mehr zu verlieren hatten.

Doch die Zeit verstrich, und wir landeten schließlich in einem Camp in Malatya – einem Ort, der für uns wie das Tor zur Hölle war.

Gefängnis oder Abschiebung?

Die Polizisten hatten uns die erschütternde Nachricht überbracht, dass wir entweder in Gefängnisse gesteckt oder direkt nach Iran abgeschoben werden würden. Diese Entscheidung war ein Schock, der uns tief traf. Es war keine Wahl, die wir uns jemals gewünscht hätten. Der Iran, das Land, vor dem wir geflüchtet waren, in dem wir verfolgt wurden, das uns mit Angst und Schwermut erdrückte, sollte nun der Ort sein, zu dem wir zurückkehren mussten? Es war der Alptraum schlechthin, der uns in diesem Moment quälte. Für uns war die Rückkehr in den Iran keine Option, die wir in Betracht ziehen konnten. Der Gedanke, wieder dorthin zurückzukehren, war nahezu unerträglich. Verfolgung, Misshandlung und das ständige Gefühl der Unterdrückung durch die Regierung ließen uns wissen, dass ein Aufenthalt im Iran uns mehr als nur Leid bringen würde. Wir würden auf jeden Fall wieder in Gefahr geraten, und die Konsequenzen wären für uns furchtbar.

Als ich den Polizisten sagte, dass ich große Probleme in meinem Heimatland hatte, dass es für mich lebensgefährlich wäre, zurückzukehren, schien das weder sie zu bewegen noch das Vorgehen zu ändern. Sie erklärten mir, dass der Iran der einzig mögliche Bestimmungsort sei, wenn wir keine Genehmigung für die Flucht in ein anderes Land erhielten. Sie machten es klar: Entweder zurück in den Iran oder ins Gefängnis. Die Bürokratie und der bürokratische Apparat hatten keinen Raum für Mitgefühl. Wir waren für sie einfach Zahlen auf einem Papier, ohne Berücksichtigung unserer persönlichen Geschichten, unserer Leiden oder unserer Träume.

Die Tage vergingen in einem unaufhörlichen Strom der Ungewissheit. Es war schwierig, sich in einer Situation zurechtzufinden, in der wir uns wie Gefangene fühlten. Wir wussten nie, was als Nächstes passieren würde, und jede Entscheidung, die getroffen wurde, schien uns näher an unser tragisches Schicksal zu bringen. Die Furcht vor dem, was uns bevorstand, war überwältigend, doch gleichzeitig gab es wenig, was wir dagegen tun konnten. Der Schock und die Panik wurden mit der Zeit zu ständigen Begleitern.

Zwei Tage später brachten uns die Polizisten nach Malatya, eine Stadt im Süden der Türkei. Dies war nicht unser Ziel, aber es war ein notwendiger Stopp auf dem langen, quälenden Weg. Unsere Hoffnung war, dass wir hier möglicherweise mit einer humaneren Entscheidung rechnen könnten, dass man uns endlich die Möglichkeit geben würde, in ein anderes Land zu fliehen – einen Ort, an dem wir Schutz und Freiheit finden könnten. Doch die Wirklichkeit war anders.

Als wir in Malatya ankamen, wurden wir in ein großes Camp gebracht. Es war ein Gesamtbild der Verzweiflung: ein riesiges, abgeschottetes Gelände, umgeben von Stacheldraht und Wachposten. Der Vergleich zu einem Gefängnis lag auf der Hand. Wir waren wie Häftlinge, nur dass es kein Gerichtsurteil gab und keine Verurteilung für uns. Wir waren nur Menschen, die durch das System in diese Lage geraten waren, ohne dass es einen klaren Ausgang oder eine Lösung gab.

Die Bedingungen im Camp waren schlecht. Es war überfüllt. Hunderte von Menschen waren in den Zelten und Containern untergebracht, die sowohl für die Fluchtenden als auch für uns, die zu den gefangenen Migranten gehörten, als Unterkunft dienten. Die Zelte waren klein, es gab kaum Platz für alle, und man hatte nie das Gefühl, richtig schlafen oder sich ausruhen zu können. Die Wände der Zelte waren dünn, sodass man die ständigen Gespräche, Schreie und Stimmen der anderen hören konnte. Der Lärm war konstant, und es war eine Herausforderung, einen Moment der Ruhe zu finden.

Die sanitären Bedingungen waren miserabel. In einem großen Lager mit überfüllten Zelten gab es nur eine begrenzte Anzahl von Toiletten. Der Zugang zu frischem Wasser war ebenfalls eingeschränkt, und wir mussten uns oft mit schmutzigem Wasser begnügen. Hygiene war nahezu unmöglich. Es gab keine Privatsphäre, keine Möglichkeit, sich zurückzuziehen oder einen Ort zu finden, an dem man ein wenig Frieden erleben konnte. Der ständige Stress, die Angst und die Ungewissheit, wie es weitergehen würde, machten das Leben in diesem Lager zu einer der schwierigsten Phasen meiner Reise.

Der Körperliche Zustand vieler von uns verschlechterte sich ebenfalls. Die Menschen in diesem Lager waren krank, der Kreislauf von Krankheiten und Infektionen breitete sich schnell aus, und wir hatten keine Medikamente oder medizinische Hilfe, um uns zu schützen. Es war, als ob wir in einem ständigen Kampf ums Überleben steckten, ohne Aussicht auf eine Lösung. Wir begannen, unsere Kräfte zu verlieren, unsere Hoffnung zu verlieren und uns immer mehr wie Gefangene zu fühlen, die in einem fremden Land keine Perspektive mehr hatten.

Die Tage zogen sich hin. Jeden Tag wachten wir auf und fragten uns: Was passiert mit uns? Würden wir wirklich zurück in den Iran geschickt, oder gab es eine Chance auf ein anderes Leben in Europa? Aber die Antwort darauf blieb immer die gleiche: Ungewissheit. Keiner von uns wusste, wie lange wir noch bleiben würden, oder was mit uns passieren würde. Es war ein Gefühl der Ohnmacht, der Verzweiflung und der Angst, das uns nie losließ.

Es war schwer, sich an das Leben zu gewöhnen, in dem es keine Zukunft gab. Wir lebten von Tag zu Tag und versuchten, die Konditionen zu ertragen, die uns auferlegt wurden. Aber tief in unserem Inneren wussten wir, dass wir nie aufgeben würden, dass wir weiterkämpfen würden. Doch im Lager war keine Hoffnung, keine Aussicht auf ein besseres Leben, und wir standen still in der Warteschleife unseres Schicksals.

Das Leben im Camp

Das Camp war überfüllt. Hunderte, vielleicht sogar Tausende, von Menschen drängten sich in den beengten Zeltbereichen und Notunterkünften. Hier waren Männer, Frauen, Kinder und ältere Menschen, die alle dasselbe Ziel hatten: Ein besseres Leben zu finden, fern von den Gefahren und Nöten ihrer Heimatländer. Doch an diesem Ort, zwischen Schmutz und Elend, schien dieses Ziel immer weiter außer Reichweite. Der ständige Kampf ums Überleben, das Fehlen von Hoffnung und die allgegenwärtige Ungewissheit machten die Situation kaum erträglich. Für viele war das Camp der letzte Halt auf ihrem langen, gefährlichen Weg in eine ungewisse Zukunft.

Die Bedingungen im Camp waren katastrophal. Die Luft war schwer und stickig, der Boden hart und kalt. Es gab keinerlei Anzeichen von Komfort oder menschlicher Fürsorge. Die meisten von uns schliefen auf dünnen Matten, die weder Schutz vor der Kälte noch vor den harten Bodenunebenheiten boten. Viele verbrachten die Nächte direkt auf dem kalten Boden, eingehüllt in Decken, die mehr aus Stoffresten bestanden als aus wärmenden Materialien. Das Essen war kaum genießbar – eine kleine Portion Brot, eine dünne, oft wässrige Suppe und, wenn wir Glück hatten, ab und zu etwas Reis. Es war nicht genug, um den Hunger zu stillen oder die körperliche Erschöpfung zu lindern. Wir hatten nichts, um uns zu stärken, außer der Hoffnung auf eine bessere Zukunft.

Krankheit und körperliche Erschöpfung machten die Situation noch schlimmer. Viele von uns waren bereits stark abgemagert, da die Nahrung im Camp selten ausreichte, um uns gesund zu halten. Krankheiten breiteten sich schnell aus, da es an sauberem Wasser und Hygieneeinrichtungen mangelte. Wenn jemand ernsthaft erkrankte, gab es kaum eine Chance auf ärztliche Behandlung. Einige hofften auf eine Hilfe, die nie kam, während andere das Risiko eingingen, das Camp zu verlassen, um Hilfe zu suchen, in der Gefahr, dabei abgeschoben zu werden.

Die Angst vor der Abschiebung war allgegenwärtig. Tag für Tag hörten wir neue Gerüchte über Massenabschiebungen nach Iran oder Afghanistan. Manche behaupteten, dass wir bald freigelassen würden, andere meinten, dass bald eine große Aktion stattfinden würde. Diese Ungewissheit zermürbte uns. Niemand konnte sagen, wann oder ob wir jemals einen Fuß in ein besseres Leben setzen würden.

Die Beamten kamen oft zu unregelmäßigen Zeiten und nahmen uns mit, ohne ein Wort zu sagen. Manchmal riefen sie einfach Namen auf und zogen die Leute, die auf der Liste standen, mitten in der Nacht aus ihren Schlafplätzen. Diejenigen, die weggeführt wurden, kehrten nie wieder zurück. Es dauerte nicht lange, bis wir erfuhren, dass diese Menschen nach Iran zurückgebracht worden waren. Die Furcht vor dem Unbekannten war fast greifbar. Wenn es uns selbst erwischen würde, wussten wir nicht, was uns erwartete. Es war ein Spiel mit dem Leben und Tod, ein ständiges Warten auf das Unvermeidliche.

Die Demonstration im Ramadan

Als der Ramadan begann, wussten viele von uns, dass es der richtige Zeitpunkt war, um gegen die Missstände im Camp zu kämpfen. Wir hatten das Gefühl, dass wir auf diesem Weg wenigstens etwas bewegen könnten. Die Zustände waren unerträglich, und wir fühlten uns völlig ignoriert von den Behörden, die nur mit Gleichgültigkeit auf unser Leiden reagierten. Wir beschlossen, uns zusammenzuschließen und durch einen Hungerstreik unsere Stimmen zu erheben. Vier Tage lang weigerten wir uns zu essen, in der Hoffnung, dass dies die Behörden dazu bewegen würde, endlich auf unsere Anliegen einzugehen.

Doch unser Protest blieb ohne Wirkung. Die Verantwortlichen im Camp ignorierten uns einfach. Es gab keine Gespräche, keine Erklärung, keine Veränderung. Wir waren nur ein weiterer Nebensatz in den endlosen bürokratischen Abläufen, die in den Händen der Behörden lagen. Wir wussten, dass wir keine Macht hatten, doch der Hungerstreik war unser letzter verzweifelter Versuch, gehört zu werden. Doch es änderte sich nichts – wir blieben so unsichtbar wie zuvor.

Die Nacht der Abschiebung

Dann kam die Nacht des 23. Ramadan. Wir lagen erschöpft in unseren beengten Schlafplätzen, als plötzlich laute Stimmen und Schritte durch das Camp hallten. Die Beamten gingen von Zelt zu Zelt, riefen Namen auf, zogen die Menschen aus ihren Schlafplätzen. Es war eine Nacht voller Angst und Schrecken. Jeder wusste, dass es keinen Sinn hatte, sich zu wehren. Wer aufgerufen wurde, wusste, dass er nichts tun konnte. Sie würden abgeführt, ohne Fragen, ohne Widerstand.

Ich hielt den Atem an, als ich bemerkte, dass mein Name nicht aufgerufen wurde. Ein Gefühl von Erleichterung überkam mich, aber ich wusste, dass dies nur eine kurze Pause war. Ich beobachtete, wie die anderen weggeführt wurden, einer nach dem anderen. Ihr Platz blieb leer, und der Raum um uns wurde stiller, als auch die letzten Schritte verklangen.

Am nächsten Morgen erfuhren wir, dass sie alle nach Iran abgeschoben worden waren. Diese Nachricht traf uns wie ein Schlag. Noch vor wenigen Stunden hatten wir zusammen gesprochen, unsere Ängste geteilt, Pläne für die Zukunft geschmiedet. Jetzt waren sie fort, verschwunden, irgendwo in der Ungewissheit des Lebens als zurückgeschickte Flüchtlinge.

Die Hoffnung auf Freiheit

Von den ursprünglich vielen, die im Camp waren, blieben nur noch 26 Menschen übrig. Ich gehörte zu diesen wenigen. Der einzige Grund, warum wir nicht mitgenommen wurden, war, dass wir keine Fingerabdrücke abgegeben hatten. Vielleicht war es Glück, vielleicht einfach nur Zufall. Aber es gab keinen Grund, das zu hinterfragen – wir waren einfach dankbar, dass wir noch da waren. Doch die Angst war immer noch spürbar, da wir nicht wussten, wie lange wir noch bleiben würden.

Zwei Monate und zwei Tage verbrachte ich im Camp, ohne zu wissen, wann und wie ich von dort wegkommen würde. Jede Nacht betete ich, dass der Albtraum ein Ende nehmen würde. In den schlimmsten Momenten erinnerte ich mich an die Worte meiner Mutter: „Wenn du in Schwierigkeiten bist, erinnere dich an Gott." Das Gebet war das einzige, was mir half, den Verstand zu bewahren und die Hoffnung aufrechtzuerhalten.

Dann, am 24. Ramadan, geschah das Unglaubliche: Wir wurden freigelassen. Niemand hatte damit gerechnet. Die Behörden überreichten uns Dokumente, die uns erlaubten, das Camp zu verlassen. Wir sollten auf eigene Faust weiterreisen, ohne zu wissen, was uns als Nächstes erwarten würde.

Als ich das Dokument in meinen Händen hielt, konnte ich es kaum fassen. So viele Wochen voller Unsicherheit, Angst und schlafloser Nächte – plötzlich war die Tür zu einer neuen Möglichkeit geöffnet. Ich wusste, dass der Weg nach Europa noch weit war, aber endlich fühlte ich zum ersten Mal seit langem, dass es einen Ausweg gab.

Das Leben im Camp war eine der schwierigsten und herausforderndsten Phasen meiner Reise. Es gab keine Sicherheit, keine Hoffnung, nur das ständige Warten auf etwas, das niemals zu kommen schien. Doch der Moment, in dem wir freigelassen wurden, gab mir den Mut, weiterzumachen. Der Weg war noch lang, aber ich wusste jetzt, dass ich ihn gehen konnte.

Freiheit? Oder nur eine neue Herausforderung?

Am nächsten Tag, als die Anspannung und die Nervosität nach all den Tagen der Ungewissheit und Angst immer noch in mir spürbar waren, erhielten wir plötzlich eine Nachricht, die wie ein Hoffnungsschimmer wirkte. Wir wurden freigelassen. Dieser Moment war fast unwirklich.

Es war ein kleiner Schritt in Richtung einer größeren Freiheit, oder zumindest dachten wir das damals. Doch das, was uns in den nächsten Wochen bevorstand, sollte uns klar machen, dass diese Freiheit nur vorübergehend sein würde.

Die Behörden, die uns aus dem Camp entließen, gaben uns ein Dokument, das uns erlaubte, nach Konya zu reisen. Doch der Aufbruch nach Konya war von Anfang an von einer besonderen Auflage begleitet: Wir durften nicht in Istanbul bleiben. Stattdessen wurden wir angewiesen, direkt nach Konya zu reisen. Warum Konya? Was hatte diese Stadt zu bieten, das uns für die Behörden eine sichere Option schien? In Istanbul hatte ich bereits von vielen Migranten gehört, die dort ein neues Leben begannen, aber jetzt mussten wir uns einer neuen Herausforderung stellen. Die Entscheidung war gefallen: Wir sollten nach Konya gehen und abwarten, was die Zukunft für uns bereithielt.

Die Ankunft in Konya und die Arbeit

In Konya angekommen, stellte ich fest, dass die Stadt weit von dem fernen, glanzvollen Istanbul entfernt war. Die Straßen waren ruhig, das Leben in der Stadt schien langsamer zu verlaufen als in der Metropole. Die ersten

Tage in Konya waren von einer seltsamen Mischung aus Erleichterung und Unsicherheit geprägt. Wir waren frei, aber das war nicht das Ende der Reise, sondern vielmehr der Anfang eines neuen Kapitels. Es fühlte sich fast wie ein Zwischenstopp an – ein Ort, an dem man seine Wunden lecken konnte, bevor man sich erneut auf die Reise begab.

Die ersten Tage verbrachte ich damit, mich zu erholen und die neue Umgebung zu erkunden. Ich hatte Glück, dass ich schnell einen Job fand, der es mir ermöglichte, Geld zu verdienen. Ich arbeitete etwa zehn Tage in verschiedenen einfachen Tätigkeiten. Ob es nun auf Baustellen war, in einem kleinen Café oder als Aushilfe bei einem lokalen Händler – jeder Tag brachte eine neue Aufgabe. Doch das Leben in der Türkei war hart, und man musste ständig auf der Hut sein. Doch während ich mich durch diese Wochen kämpfte, stellte ich fest, dass der Arbeitsalltag mir eine gewisse Stabilität verlieh, die ich vorher nie gekannt hatte.

Mit dem verdienten Geld konnte ich mir endlich ein kleines Luxusgut leisten – ein iPhone 6. Es war nicht nur ein technologisches Gerät für mich, sondern auch ein Symbol der Hoffnung und der Möglichkeit, in Verbindung mit der Welt zu bleiben, trotz der Herausforderungen, denen ich gegenüberstand. Es war ein Moment der kleinen Freude inmitten eines Lebens voller Unsicherheit.

Der erste Versuch nach Bulgarien

Nach zwei Wochen in Konya kam dann die Nachricht, dass es endlich so weit war. Es war der Beginn einer Reise, die für viele von uns von größter Bedeutung war. In der Nacht, als die Sonne sich langsam hinter den Hügeln versteckte und die Dunkelheit hereinbrach, wurden wir in ein großes Fahrzeug gebracht. Ein Transporter mit rund 50 Personen sollte uns auf den Weg nach Bulgarien bringen. Die Reise war gefährlich, und wir wussten, dass jeder Schritt uns näher an unser Ziel, ein besseres Leben in Europa, bringen konnte – aber auch jeden Moment unser Leben und die Freiheit kosten konnte.

Als wir an der Grenze zwischen der Türkei und Bulgarien ankamen, sahen wir zum ersten Mal das Hindernis, das uns in den Weg gestellt wurde: eine riesige Grenzmauer, verstärkt mit Stacheldraht und Stahl, die sich bedrohlich über uns erhob. Diese Mauer war mehr als nur ein physisches Hindernis; sie symbolisierte alles, was uns in unserem Streben nach Freiheit im Weg stand. Doch wir hatten keine Wahl. Mit einer Leiter in der Hand, die uns mitgegeben worden war, sollten wir über die Mauer klettern.

Etwa 40 bis 50 Personen schafften es, die Mauer zu überwinden und weiterzulaufen. Die Mauer war nicht nur ein Symbol des physischen Widerstands, sondern auch ein mentaler Test. Wer es schaffte, die Mauer zu überwinden, hatte einen kleinen Sieg errungen – aber es war nur der erste Schritt in einem langen, gefährlichen Marsch in Richtung Freiheit. Die folgenden Tage verbrachten wir in den Wäldern und Feldern, um uns der bulgarischen Polizei zu entziehen.

Gefangen und misshandelt

Die Tage im Wald waren voller Unsicherheit und Angst. Wir waren müde, hungrig und das Wetter machte die Situation noch schlimmer. Doch wir wussten, dass wir einen Moment der Freiheit erlangt hatten, und das gab uns etwas Kraft. Doch dann, nach etwa drei bis vier Tagen, wurden wir entdeckt.

Die bulgarische Polizei hatte uns erwischt. „Stopp!", riefen sie laut und bestimmt. Einer von uns, der noch immer sein Handy in der Hand hielt, wurde sofort aufgefordert, es abzugeben. Bevor wir begreifen konnten, was gerade passierte, wurde er zu Boden geworfen, und die Schläge begannen. Die Polizisten waren brutal. Sie waren keine Menschen, sondern Maschinen, die darauf programmiert waren, uns zu jagen, zu fangen und zurückzuschicken.

In diesem Moment wusste ich, dass ich alles riskieren musste, um das Handy zu verstecken. Wenn sie mein Gerät fanden, war es vorbei. Also grub ich es schnell in der Erde ein, bevor sie mich erreichten. Doch der Schock über die Gewalt war nicht nur körperlich, sondern auch psychisch. Es war ein Moment, der alles in uns zerschmetterte, der uns zeigte, wie wenig wir in diesem Land wert waren. Wir waren nicht mehr als Nummern, die darauf warteten, abgeschoben zu werden.

Die Polizisten zwangen uns, in ein Fahrzeug zu steigen. Sie setzten sieben von uns in jedes Auto und fuhren uns zurück zur Grenze. Doch dort, am Grenzübergang, begann erst die wahre Tortur. Der Moment, in dem wir von der Polizei in die Hände der Behörden zurückgegeben wurden, fühlte sich wie ein schmerzhafter Rückschlag an. Doch auch das Ende dieser Reise war noch nicht abzusehen. Wir wussten nicht, was uns noch erwarten würde. Aber eines war klar: Wir hatten einen weiteren Schritt gemacht, um unseren Traum von Europa zu verwirklichen – und diese Reise war noch lange nicht zu Ende.

Der schlimmste Moment meines Lebens

Der Moment, als wir an der Grenze zwischen Bulgarien und der Türkei ankamen, war für mich der schlimmste

Moment meines gesamten Lebens. Die grenzüberschreitende Reise, die mit so viel Hoffnung und Verzweiflung begonnen hatte, nahm nun eine furchtbare Wendung. Wir standen vor einem Fluss, der die Grenze bildete – ein scheinbar harmloser Fluss, der uns in unser neues Leben, oder besser gesagt, in das, was wir hofften, ein neues Leben zu nennen, bringen sollte. Doch der Fluss war alles andere als harmlos. Das Wasser war vier bis fünf Meter tief, und ich konnte nicht schwimmen. Das war die Realität, der nackte Albtraum, dem wir uns stellen mussten.

Der Moment des Zwangs

Der erste Mann, der vor mir an den Fluss trat, versuchte zu springen. Doch es war kein freier Sprung ins Wasser, wie man ihn sich vielleicht vorstellen würde. Der Mann wurde von den bulgarischen Polizisten brutal behandelt, bevor er überhaupt den Fluss berührte. Sie schlugen ihn mit ihren Knüppeln und stießen ihn schließlich ins Wasser. Sein Schrei hallte in meinen Ohren wider, aber es war zu spät – er war bereits im kalten, reißenden Fluss verschwunden.

Und dann war ich an der Reihe. Ich stand da, unsicher, mein Herz hämmerte in meiner Brust, und mein Kopf war voll von Fragen. Würde ich es schaffen? Würde ich in diesem kalten, tiefen Wasser überleben? Was würde passieren, wenn ich nicht sprang? Was wäre mit mir, wenn ich versagte?

Ich flehte die Polizisten an, sie sollten mich nicht ins Wasser stoßen:

„Ich kann nicht schwimmen! Bitte, ich kann nicht schwimmen!“

Doch meine Worte fanden kein Gehör. Die Polizisten lachten nur höhnisch. Einer von ihnen sagte: „Spring!“

Und dann wurde es noch schlimmer. Einer der Beamten schlug mich mit einem Stock auf den Rücken. Die Schläge trafen mich hart – zuerst auf den Kopf, dann auf den Rücken, und schließlich auf meine Beine. Es war ein Meer von Schmerzen. Doch der schlimmste Schmerz war nicht der physischen Art. Es war der Schmerz der Ohnmacht und der Verzweiflung. Ich fühlte mich wie ein Nichts, wie eine Nummer, die einfach in die kalte Realität der Welt geworfen wurde.

Der Sprung ins Ungewisse

Trotz meiner Angst, trotz des Schmerzes, der mich umhüllte, hatte ich keine Wahl. Ich sprang. Es war kein freier Fall, sondern ein verzweifelter Sprung in die Ungewissheit. Ich wusste, dass ich jetzt in den Fluss fallen musste, aber meine Gedanken flogen noch schneller als mein Körper. Der Moment, als ich unter die Wasseroberfläche sank, war wie der Beginn meines eigenen Todes. Ich versuchte zu strampeln, meine Füße suchten den Boden, aber ich konnte nichts finden. Das Wasser zog mich nach unten, ertränkte meine Hoffnung und meine Luft. Mein Körper kämpfte, doch mein Geist war verloren.

Ich hielt meine Hände vor mein Gesicht, wie um mich vor der dunklen Realität zu schützen. Und in diesem Moment, während ich weiter nach oben taumelte, überkam mich ein überwältigendes Gefühl der Leere.

„Das war's. Mein Leben ist vorbei", dachte ich, als ich den kalten, schwarzen Fluss hinuntergezogen wurde.

In dieser Dunkelheit sah ich plötzlich Bilder meiner Familie. Ich sah das Gesicht meiner Mutter, meiner Geschwister. Ich sah all die Jahre, die ich in meiner Heimat verbracht hatte, und all die Träume, die ich in mir getragen hatte. Es war, als ob mein ganzes Leben in diesen wenigen Sekunden an mir vorbeizog. Ich bat Gott um Vergebung und verzweifelte, da ich wusste, dass es keine Möglichkeit gab, zurückzukehren.

Ein rettender Moment

Doch dann, als ich bereits dachte, es sei zu spät, geschah etwas Unerwartetes. Ein Gefühl der Schwere und des Stürzens verwandelte sich in das Gefühl, nach oben gezogen zu werden. Ich fühlte einen festen Griff an meiner Hand, und der Druck des Wassers um mich ließ nach.

Es war mein Freund. Mit einem letzten, verzweifelten Griff hatte er mich erwischt und zog mich aus dem Fluss. In diesem Moment schien die Welt für einen Augenblick stillzustehen. Ich war halbbewusstlos, zitterte am ganzen Körper und war völlig erschöpft. Mein Atem ging schnell, als ich versuchte, wieder zu mir zu kommen, die Kälte und der Schock immer noch in meinen Gliedern.

Ich war am Leben. Aber ich war nicht unversehrt. Die ganze Erfahrung hatte mir das Leben entrissen und mir dennoch die Chance gegeben, es weiterzuleben. Doch ich wusste, dass dies nur ein kleiner Sieg in einem viel größeren Kampf war.

Der Weg zurück nach Istanbul

Nachdem wir den Fluss überquert hatten und der Schock langsam nachließ, waren wir nicht sicher, was als Nächstes kommen würde. Wir kletterten eine nahegelegene Anhöhe hinauf und flohen durch ein kleines Dorf, auf der Suche nach einem Weg zurück. Wir fanden schließlich ein Taxi, das uns wieder nach Istanbul brachte – zurück an den Ausgangspunkt, von dem aus wir vor Wochen gestartet waren.

Als wir wieder im kleinen Haus in Istanbul ankamen, das uns früher Zuflucht geboten hatte, war der Unterschied zwischen den beiden Erlebnissen nicht nur körperlich. Die Reise, die uns bis hierher geführt hatte, war von der gleichen Verzweiflung begleitet gewesen, doch der Moment, in dem ich in den Fluss gefallen war, hatte meine Sicht auf alles verändert. Die Grenze, die wir überschreiten wollten, schien nun mehr als nur eine geographische Linie zu sein. Sie symbolisierte für mich die zerbrechliche Grenze zwischen Leben und Tod.

Ein Albtraum, der nicht endet

Dieser erste Versuch, nach Bulgarien zu gelangen, endete für mich in einem Albtraum. Doch ich wusste auch: Ich konnte nicht aufgeben. Der Traum von einem besseren Leben, der in mir brannte, war zu stark. Ich musste es erneut versuchen. Es war klar, dass jeder Schritt, jeder Versuch und jeder Rückschlag, den wir erlebten, uns näher zu unserem Ziel bringen würde. Der Weg war lang und voller Hindernisse, aber ich hatte gelernt, dass die größte

Stärke darin bestand, trotz aller Rückschläge nicht aufzugeben.

Es war nicht das Ende, sondern der Beginn eines neuen Kampfes. Ein Kampf, der noch viele weitere Herausforderungen bereithielt.

Kapitel 11: Der zweite Versuch nach Bulgarien

Die Erholung nach dem ersten gescheiterten Versuch

Nach unserem ersten gescheiterten Versuch, die Grenze zu überqueren, mussten wir uns dringend erholen. Unsere Körper waren gezeichnet von den brutalen Schlägen, die wir erhalten hatten. Unsere Haut war übersät mit blauen Flecken, Wunden und schmerzhaften Prellungen, die uns die Bewegungsfreiheit nahmen. Einige von uns konnten kaum noch laufen. Andere hatten Prellungen am Kopf oder am Rücken, die uns in den kommenden Tagen quälten. Der Schmerz war unerträglich, und der Schock von dem, was wir durchgemacht hatten, saß noch tief in unseren Gliedern.

Es war unmöglich, nach so einer Erfahrung sofort wieder weiterzumachen. Deshalb blieb unsere Gruppe sieben bis zehn Tage in Istanbul, versteckt in einem kleinen Haus. Es war ein Versteck, das wir zu einem Zufluchtsort gemacht hatten, aber der Raum war klein, und die Luft war stickig. Wir fühlten uns erschöpft, hungrig und voller Angst. Aber wir wussten auch, dass wir nicht aufgeben durften. Der Traum von einem besseren Leben war noch nicht gestorben. Wir waren so weit gekommen, und jetzt durften wir nicht zurückweichen.

In diesen Tagen der Erholung dachte ich oft an die Worte meiner Mutter. Sie hatte mir immer gesagt: „Wenn du in Not bist, erinnere dich an Gott. Er wird dich nicht verlassen.“ Diese Worte hallten in meinem Kopf wider, besonders in diesen dunklen Momenten der Verzweiflung. Ich wusste, dass es nur der Glaube war, der uns zusammenhielt. Die Hoffnung auf ein besseres Leben und der Glaube an etwas Höheres, das uns beschützte, ließen uns weitermachen.

Keine medizinische Hilfe

Ein weiterer beunruhigender Faktor war, dass wir keine Möglichkeit hatten, medizinische Hilfe in Anspruch zu nehmen. Der Gedanke, ins Krankenhaus zu gehen, war für uns undenkbar. Wenn wir ins Krankenhaus gegangen wären, hätte die Polizei sofort alarmiert, und wir wären wahrscheinlich zurück nach Iran oder Afghanistan abgeschoben worden. Es gab keine Rettung vor dem Gesetz. Wir mussten uns also gegenseitig helfen. Wenn jemand starke Kopfschmerzen hatte, massierten wir ihm den Kopf. Wenn jemand Rückenschmerzen hatte, versuchten wir, mit einfachen Techniken Linderung zu verschaffen. Wir wickelten Tücher um verletzte Arme und Beine und kühlten Prellungen mit kaltem Wasser. Jeder half jedem. Wir waren wie eine Familie, vereint im Leid, aber auch in der Hoffnung.

Es war erstaunlich, wie wir in dieser Zeit zusammenwuchsen. Die körperlichen Wunden heilten langsam, aber der emotionalen Schmerz war schwerer zu ertragen. Wir hatten immer noch die Erinnerungen an die gewaltsamen Schläge, die Misshandlungen und den Schmerz in unseren Körpern. Doch wir wussten auch, dass wir die Hoffnung nie aufgeben durften. Ein neues Leben wartete irgendwo da draußen, und wir mussten es nur erreichen.

Die Vorbereitung auf den zweiten Versuch

Nach den sieben bis zehn Tagen fühlten wir uns stark genug, um einen neuen Versuch zu wagen. Der Menschenschmuggler, der uns schon beim ersten Mal geholfen hatte, kam erneut zu uns. „In dieser Nacht brechen wir erneut auf", sagte er mit einer ernsten Miene. „Seid besonders vorsichtig. Diesmal dürft ihr keine Fehler machen. Die bulgarische Polizei ist brutal. Sie werden euch schlagen, ausrauben und alles nehmen, was ihr habt. Ihr dürft euch nicht erwischen lassen."

Wir nickten. Die Worte des Schmugglers klangen wie eine Warnung, doch wir wussten, dass wir keine andere Wahl hatten. Wir konnten nicht länger in Istanbul bleiben. Das Risiko war groß, aber es war unsere einzige Chance. Und wir wollten die Gelegenheit nicht verstreichen lassen.

Der Transport zur Grenze

In der Nacht wurden wir in zwei Transporter gepackt – 50 Menschen in jedem. Die Fahrt war lang und quälend. Es war eng, stickig, und wir hatten kaum Platz zum Atmen. Niemand sprach ein Wort. Jeder war in seinen eigenen Gedanken gefangen, der Nervosität und der Angst, die uns alle ergriffen. Wir wussten genau, was uns bevorstand. Es war der gleiche Weg wie beim ersten Mal, aber diesmal war die Situation noch gefährlicher. Wir mussten vorsichtiger sein. Die bulgarische Grenze war ein weiteres Hindernis, das wir überwinden mussten, und die Polizei auf beiden Seiten war gnadenlos.

Nachdem wir mehrere Stunden gefahren waren, erreichten wir die Nähe der bulgarischen Grenze. Es war Nacht, und die Dunkelheit hüllte uns ein. Wir mussten aus den Transportern aussteigen und zu Fuß weitergehen. Wir liefen durch die türkischen Berge, der Weg war steil und gefährlich. Wir kletterten über Felsen und liefen durch dichte Wälder. Es war wichtig, leise zu sein. Die türkische Polizei könnte jederzeit auftauchen, und wir wollten nicht entdeckt werden. Doch unser größter Feind war nicht die türkische Polizei. Es war die bulgarische Grenze, die vor uns lag. Und sie war gut gesichert.

Die bulgarische Grenzmauer

Die Grenzmauer zwischen der Türkei und Bulgarien war ein wahres Bollwerk. Sie war hoch und von Stacheldraht

Grenzgebiet zwischen der Türkei und Bulgarien – einer der gefährlichsten Abschnitte meiner Flucht. Viele Flüchtlinge versuchen, hier unbemerkt die Grenze zu überqueren, oft unter lebensbedrohlichen Bedingungen.

umgeben. Die bulgarische Polizei war bekannt dafür, brutal gegen Flüchtlinge vorzugehen. Unser Plan war, die Mauer zu überwinden, indem wir eine Leiter benutzten, die uns der Menschenschmuggler zur Verfügung gestellt hatte. Doch als wir uns der Mauer näherten, gab es plötzlich ein Problem. Der Mann, der uns führte, wollte die Leiter nicht einfach zurücklassen. Normalerweise war es so, dass die Schmuggler die Leiter nach dem Überqueren der Mauer ließen, damit sie bei einem späteren Versuch wieder verwendet werden konnte. Doch dieser Mann wollte sie mitnehmen. Er wollte sie verstecken, um sie beim nächsten Versuch wieder zu benutzen.

Das war ein Fehler.

Während er versuchte, die Leiter von der Mauer abzunehmen, machte er zu viel Lärm. Das metallische Geräusch der Leiter, die an die Mauer schlug, hallte in der Nacht wider. Plötzlich blitzten Lichter auf, und Sirenen heulten auf.

Die Konfrontation mit der Polizei

In wenigen Minuten waren wir von der bulgarischen Polizei umzingelt. Wir hatten keine Zeit mehr zu fliehen. Der Lärm hatte uns verraten. Ich hörte Schreie, sah die Schatten der Soldaten, die auf uns zurannten. Einige von uns versuchten noch, wegzulaufen, aber die bulgarischen Polizisten hatten Gewehre. Ein Schuss krachte durch die Nacht – ein Warnschuss, der uns das Blut in den Adern gefrieren ließ. „Stopp!“ schrie jemand in lautem Bulgarisch.

Wir wussten, dass es keine Möglichkeit gab, sich zu verstecken. Wir blieben stehen und hoben die Hände. Es war ein Moment der Ohnmacht und der Resignation. Doch was dann geschah, war noch viel schlimmer.

Drei Soldaten kamen auf uns zu. Zwei Bulgaren und ein Deutscher. Der deutsche Soldat schien ruhiger zu sein als die bulgarischen Polizisten. Er sprach mit seinen Kollegen und versuchte, die Situation zu kontrollieren. Doch die bulgarischen Polizisten waren brutal. Sie stießen uns zu Boden, durchsuchten uns und nahmen uns alles weg: unser Geld, unsere Handys, unser Essen, unsere Kleidung. Alles wurde uns abgenommen, nur unsere Unterwäsche und Hosen durften wir behalten. Einige verloren sogar ihre Hosen.

Die Schläge und die Flucht

Die Schläge kamen sofort. Wir mussten uns in einer Reihe aufstellen. Zwei Polizisten gingen von einem zum anderen und schlugen jeden von uns mit Stöcken. Sie trafen uns überall – auf den Rücken, auf die Beine, auf die Arme. Es war eine grausame Demütigung. Wer zu Boden fiel, wurde sofort wieder hochgezogen und weiter geschlagen.

Ich war der siebte in der Reihe. Als ich an der Reihe war, traf mich der erste Schlag mit voller Wucht am Kopf. Ich fiel sofort zu Boden. Mein Schädel dröhnte, mein Körper war wie gelähmt. Doch zwei Polizisten packten mich an den Armen, zogen mich hoch und schlugen weiter auf mich ein. Es war, als wäre ich kein Mensch mehr, sondern ein Spielzeug, das sie zerbrechen wollten.

Dann kam der Befehl: „Lauft!“

Es war ein verzweifelter Moment. Wir mussten rennen – zurück in Richtung Türkei. Wer nicht schnell genug war, wurde erneut geschlagen. Ich stolperte und fiel fast, aber ich wusste, dass ich, wenn ich stehen blieb, noch mehr leiden würde. Wir mussten schnell sein. Das Leben hing davon ab.

Die Abschiebung und der kalte Fluss

An der Grenze zur Türkei gab es ein kleines Tor in der Mauer. Dahinter warteten bereits bulgarische Soldaten, bereit, uns loszuwerden. Doch bevor sie uns durch das Tor schickten, gab es noch eine letzte Demütigung. Ohne Grund schlugen sie erneut auf uns ein – vielleicht, um ihre Macht zu demonstrieren, vielleicht einfach nur aus Grausamkeit. Wir konnten nichts tun außer stillzuhalten und den Schmerz ertragen.

Dann trieben sie uns in einen kleinen Fluss, der direkt hinter der Grenze verlief. Das Wasser war eisig und reichte mir bis zu den Knien. Ein Schock durchfuhr meinen Körper, als ich den ersten Schritt hineinsetzte. Der Fluss war nicht tief, aber die Kälte war fast unerträglich. Meine Beine wurden schwer, meine Muskeln verkrampften sich, und ich fühlte mich für einen Moment, als würde ich einfrieren.

Die Soldaten beobachteten uns von der anderen Seite und schossen in die Luft, als wollten sie uns antreiben. Wir wussten nicht, ob sie wirklich auf uns schießen würden, aber niemand wagte es, stehenzubleiben. Also kämpften wir uns durch das kalte Wasser, Schritt für Schritt, bis wir das andere Ufer erreichten.

Jenseits des Flusses lag mein Dorf, oder zumindest der Weg dorthin. Erschöpft, frierend und voller Angst liefen wir weiter, immer mit dem Gedanken, dass die Soldaten uns vielleicht doch noch folgen würden. Doch schließlich fanden wir Hilfe. Ein paar Menschen nahmen uns auf, gaben uns trockene Kleidung und etwas zu essen.

Mit ihrer Unterstützung konnten wir weiter nach Istanbul reisen – erschöpft, aber dankbar, dass wir es überlebt hatten.

Zurück in Istanbul

Es dauerte Stunden, bis wir ein Dorf erreichten. Dort fanden wir ein Telefon, mit dem wir unseren Schleuser kontaktieren konnten. Er schickte ein Taxi, das uns zurück nach Istanbul brachte. Er fragte nicht nach unseren Verletzungen. Es interessierte ihn nicht, wie wir uns fühlten. Er fragte nur: „Wann wollt ihr es das nächste Mal versuchen?“

Wir wussten, dass wir nicht aufgeben konnten. Aber wir wussten auch, dass die nächste Reise noch schlimmer sein würde.

Kapitel 12: Der schwierige Weg nach Griechenland – Der dritte Versuch

Gefangen in der Türkei – Ein Leben im Versteck

Unsere Tage in der Türkei waren geprägt von ständiger Angst und der nie endenden Unsicherheit. Die Atmosphäre war beklemmend, und der Druck, unentdeckt zu bleiben, ließ uns keine Ruhe. Jeden Tag wachte ich mit einem Gefühl der Paranoia auf. In Istanbul war es besonders gefährlich. Die Polizei patrouillierte regelmäßig durch die Straßen und hielt alle Ausländer an. Wenn sie jemanden verdächtigten, war es fast sicher, dass diese Person festgenommen und zurückgeschickt würde – zurück in die Gefahren des Irans oder Afghanistans, in denen wir nur noch mehr Leid und Verfolgung erwarteten.

Wir wussten, dass wir uns keine Fehler leisten konnten. Unsere Freiheit hing von unserer Fähigkeit ab, uns unsichtbar zu machen, und die Gefahr war immer nah. Wenn wir uns bewegten, mussten wir vorsichtig sein, wie wir uns kleideten, welche Wege wir nahmen und wann wir uns nach draußen wagten. Wir lebten in einem ständigen Zustand der Anspannung, fast wie Tiere, die wissen, dass der Jäger jederzeit kommen könnte. Jedes Mal, wenn wir das Haus verließen, um Essen zu besorgen, war es ein nervenaufreibendes Risiko. Die Straßen waren voll von Menschen, doch wir fühlten uns immer alleine.

Unsere Unterkunft war ein dunkler Keller in einem alten Gebäude. Der Raum war eng, feucht und stickig, aber es war der einzige Ort, an dem wir uns einigermaßen sicher fühlten. Es gab keine Fenster, und das Licht war schwach. Der Geruch des feuchten Mauerwerks und der muffigen Luft war unangenehm, aber wir hatten keine Wahl. Unsere Welt war klein geworden – nur dieser Keller, die schmalen Gassen der Stadt und die unsichtbaren Augen, die immer auf uns lauerte.

Manchmal saßen wir stundenlang im Dunkeln, ohne ein Wort zu sagen. Unsere Gedanken waren bei unseren Familien zu Hause, bei den Menschen, die wir zurückgelassen hatten, und bei der schier endlosen Reise, die vor uns lag. Doch trotz der Verzweiflung wussten wir, dass wir uns keinen Luxus der Ruhe leisten konnten. Unsere Freiheit lag jenseits der türkischen Grenze, und jeder Tag, den wir in diesem Versteck verbrachten, war ein Tag näher an der Entdeckung.

Die Polizei konnte jederzeit auftauchen. Wir hörten oft von anderen Flüchtlingen, dass sie festgenommen und wieder zurückgebracht wurden. Diese Geschichten ließen uns erschaudern. Niemand wollte das erleben. Es war ein Leben in ständiger Angst, und jede Entscheidung musste mit äußerster Vorsicht getroffen werden.

Der dritte Versuch – Die Entscheidung

Doch so konnten wir nicht weiterleben. Dieses Leben im Versteck war keine Lösung. Es gab nur ein Ziel vor Augen: Griechenland. Ein Land, das uns eine Chance auf ein neues Leben, auf Freiheit, geben könnte. Aber der Weg dorthin war gefährlich, und wir wussten, dass wir nicht noch einmal scheitern durften. Die Erlebnisse der beiden vorherigen Versuche lagen noch frisch in unseren Erinnerungen. Wir hatten keine weitere Gelegenheit zu verlieren.

Eines Abends, als der Menschenschmuggler erneut zu uns kam, war die Entscheidung getroffen. „Wir versuchen es noch einmal“, sagte er. „Diesmal gehen wir zu Fuß. Ihr werdet die Grenze überqueren, und zwar ohne Transporter oder andere Hilfsmittel. Es wird lang und schwer, aber es ist die einzige Möglichkeit, unbemerkt zu bleiben.“

Wir hatten keine Wahl. Wir wussten, dass dies der einzige Weg war. Unsere Hoffnung war erdrückend schwer, doch sie war alles, was uns blieb. Wir packten das Nötigste: Wasser, etwas Brot und einen kleinen Rucksack mit dem, was wir konnten. Und dann machten wir uns auf den Weg, mit der Vorstellung, dass dieser dritte Versuch der entscheidende sein könnte.

Der gefährliche Übertritt nach Griechenland

Der Weg zur Grenze war lang und gefährlich. Wir mussten durch dichte Wälder, über Felder und Flüsse. Der Marsch war erschöpfend, und die Stunden zogen sich wie zäher Kaugummi. Wir liefen so schnell wir konnten, doch die ständige Angst, entdeckt zu werden, ließ uns keine Ruhe. Der Weg war nicht nur physisch herausfordernd, sondern auch psychologisch anstrengend. Jeder Schritt war von der Vorstellung begleitet, dass hinter uns Polizisten lauern könnten.

Es war ein ständiges Hin- und Herschauen. Jeder Geräusch, jeder Schatten ließ uns zusammenzucken. Die Welt um uns schien feindlich, und wir waren völlig auf uns allein gestellt. Der Weg durch die Wälder war beschwerlich, die dichten Bäume und Sträucher machten es noch schwieriger, uns unbemerkt fortzubewegen. Doch wir hatten keine andere Wahl, als uns durch diese Wildnis zu kämpfen.

Nach stundenlangem Marsch erreichten wir schließlich den Fluss, der die Grenze zwischen der Türkei und Griechenland bildete. Der Fluss sah auf den ersten Blick harmlos aus, doch wir wussten, dass das, was uns erwartete, weitaus gefährlicher war, als es auf den ersten Blick schien. Die Strömung war stark, und das Wasser wirbelte unaufhörlich. Wir hatten weder Boote noch Rettungswesten – nur unseren Mut und die verzweifelte Hoffnung, dass wir es schaffen würden.

Vorsichtig stiegen wir ins Wasser. Jeder Schritt war ein Kampf gegen die kalte, reißende Strömung. Das Wasser zog an uns, als wollten uns die unsichtbaren Hände des Flusses ins Verderben reißen. Doch wir kämpften uns weiter, mit aller Kraft, die wir aufbringen konnten. Es war ein verzweifeltes Ringen ums Überleben. Die Kälte des Wassers schnitt in unsere Glieder, und unsere Körper wurden schwerer und schwerer, je weiter wir gingen. Der Fluss war tiefer als erwartet, und ich hatte das Gefühl, dass ich jeden Moment untergehen könnte. Doch wir hielten uns aneinander fest, unterstützten uns, wenn einer von uns stolperte. Es war ein Akt des Überlebens.

Der Moment der Erschöpfung und der Hoffnung

Als wir schließlich das griechische Ufer erreichten, waren wir völlig erschöpft. Unsere Körper waren vom kalten

Wasser und der Anstrengung des Marsches am Rande des Zusammenbruchs. Doch es war keine Zeit zum Ausruhen. Es gab keine Zeit, uns zurückzulehnen und auf den Erfolg unseres Übertritts zu genießen. Wir wussten, dass die größte Gefahr noch vor uns lag. Wir mussten weiter, immer weiter, bis wir einen sicheren Ort fanden. Ein Ort, an dem wir uns ausruhen, eine kurze Pause einlegen und neue Kräfte sammeln konnten.

Die Enttäuschung, dass wir noch immer nicht in Sicherheit waren, war erdrückend. Doch zugleich war auch eine tiefe Erleichterung in mir. Wir hatten es geschafft, einen weiteren Schritt in Richtung Freiheit zu machen. Es war noch ein weiter Weg bis nach Griechenland, bis wir tatsächlich in einem sicheren Land wären, aber dieser Fluss, der uns bis dahin auseinandergerissen hatte, war nun überwunden.

Doch der Weg war noch nicht zu Ende. In Griechenland erwarteten uns noch viele Hindernisse. Die Grenze war noch weit, und wir mussten vorsichtig sein, nicht entdeckt zu werden. Doch ein Funken Hoffnung brannte in uns. Der dritte Versuch hatte begonnen, und wir waren bereit, ihn zu Ende zu führen – egal, was uns noch bevorstand.

Kapitel 13: Die Flucht durch Griechenland – Ein Kampf ums Überleben

Die erste Nacht in Griechenland – Schutz auf der Insel

Nach der anstrengenden und gefährlichen Überquerung des Flusses von der Türkei nach Griechenland, fanden wir uns auf einer kleinen, abgelegenen Insel wieder. Die Dunkelheit schützte uns zwar vor den Augen der Welt, doch die Kälte des Wassers und das ungewisse Land, das uns nun vor uns lag, lasteten schwer auf unseren Schultern. Unsere Kleidung war durchnässt, die Erschöpfung von der langen Flucht und dem Kampf gegen die Strömung war in jedem Schritt zu spüren. Es war fast unmöglich, sich zu bewegen, ohne das Gefühl zu haben, dass jeder Muskel in unserem Körper schmerzte.

Wir hatten kein Wasser, keine Nahrung – nur die Hoffnung, dass wir einen Weg finden würden, in Sicherheit zu gelangen. Die Insel, auf der wir Zuflucht gesucht hatten, bot keinen Schutz vor den wachsamen Augen der Polizei. Tagsüber versteckten wir uns unter den dichten Büschen und zwischen den Felsen, als ob die

Natur uns in ihrem Schutz umhüllte. Doch wir wussten, dass wir nicht ewig dort bleiben konnten.

In der Nacht, wenn die Dunkelheit uns ein wenig Schutz bot, wagten wir uns weiter. Jeder Schritt war von der Angst begleitet, dass wir entdeckt werden könnten. Wir hatten gehört, dass die Polizei auch auf abgelegenen Inseln patrouillierte, also mussten wir leise sein, um uns nicht in Gefahr zu bringen. Doch die Dunkelheit brachte auch einen gewissen Schutz – zumindest für eine kurze Zeit.

Unsere Vorräte waren gleich null. Wir versuchten, uns mit dem Wenigen, was wir auf der Insel fanden, über Wasser zu halten – zerbrechliche Schalen von Muscheln, die wir zum Trinken benutzten, und das bisschen Salz, das uns den Durst quälte. Doch es reichte nicht, um die erschöpfte Körper und den inneren Hunger zu stillen. Unsere einzigen Nahrung war die Hoffnung auf die kommenden Tage und die Zusicherung, dass wir nicht aufgeben durften. Wir hatten zu viel geopfert, um jetzt noch zurückzutreten.

Zwei Nächte auf der Flucht – Immer in Bewegung

Nach zwei schmerzhaften und ungewissen Nächten auf der Insel machten wir uns endlich wieder auf den Weg. Wir konnten uns nicht länger erlauben, an einem Ort zu verharren, selbst wenn dieser Ort uns Schutz bot. Der Weg nach Bulgarien war noch weit, und wir wussten, dass uns viele Gefahren bevorstanden. Der Plan war klar: Immer weiter nach Norden, bis wir das Land erreichen würden, das uns zu mehr Freiheit führen sollte.

Doch das Gelände war alles andere als einfach. Wir marschierten stundenlang durch dichte Wälder, die von dunklen Schatten und der ständigen Bedrohung durch die Natur geprägt waren. Der Boden war feucht und rutschig, und es war schwer, den Weg zu finden. Der ständige Lärm des Waldes war beunruhigend, und es gab immer das Gefühl, dass jeder Schritt uns näher an die Gefahr heranführte.

In diesen Momenten schien jede Bewegung wie ein Akt des Überlebens. Wir versuchten, uns so schnell und leise wie möglich fortzubewegen, und doch war die Angst ständig mit uns – die Angst, von der Polizei entdeckt zu werden, die uns jederzeit aufgreifen konnte. Es war ein ständiger Kampf zwischen der Erschöpfung und dem Willen, weiterzukommen. Wir wussten, dass wir nicht aufhören durften – jeder Schritt vorwärts bedeutete, ein Stück näher an der Freiheit zu sein.

Doch trotz unserer Anstrengungen war der Weg nach Bulgarien nicht nur eine Reise durch die Landschaft, sondern auch eine Reise in unser Inneres. Die Müdigkeit, die Schmerzen und die körperliche Erschöpfung waren quälend, doch noch schlimmer war der psychische Druck, die ständige Angst, entdeckt zu werden. Die Realität unserer Situation drang immer wieder mit voller Wucht in unser Bewusstsein. Wir hatten uns auf einen gefährlichen Weg begeben, und es gab keine Garantie, dass wir ihn überleben würden. Doch die Hoffnung, die Möglichkeit, ein besseres Leben zu finden, trieb uns weiter.

Der unerwartete Zwischenfall – Hundegebell und Entdeckung

Nach mehreren Tagen des Wanderns, der plötzlichen Anfälle von Hoffnungslosigkeit und der quälenden Anstrengung, stießen wir plötzlich auf ein Geräusch, das uns sofort die Herzen in die Hose rutschen ließ. Es war das markante, durchdringende Bellen von Hunden. In der Nähe – viel näher, als wir es uns je gewünscht hätten – waren bulgarische Grenzsoldaten auf Patrouille.

Der Moment der Entdeckung kam wie ein Albtraum. Wir hielten den Atem an und ließen uns fast unwillkürlich in den Boden sinken, als wir versuchten, uns unter den Büschen und Bäumen zu verstecken. Doch die Hunde bellten laut und näherten sich uns immer weiter. Die Soldaten konnten nicht weit entfernt sein, und es war nur eine Frage der Zeit, bis sie uns finden würden.

Der Schweiß trat uns auf die Stirn, als wir versuchten, ruhig zu bleiben und gleichzeitig an einen Plan zu denken. In diesen Momenten schien es, als wäre die ganze Flucht nur ein Spiel des Schicksals. Wir hatten so viel riskiert, waren durch so viele Gefahren hindurchgekommen – und jetzt standen wir kurz davor, alles zu verlieren.

Die Hunde kamen immer näher. Ihre Lautstärke ließ uns keine Hoffnung mehr. Ein Schuss wurde abgefeuert – ein Warnschuss, der uns sagte, dass die Soldaten sich bereit machten, uns zu fassen. Wir waren in einem Moment der völligen Entschlossenheit – entweder sie würden uns fangen, oder wir würden alles tun, um zu entkommen.

Doch in dem Moment, als alles aussichtslos schien, erhielten wir einen Funken von Glück. Eine Gruppe von anderen Flüchtlingen, die ebenfalls auf der Flucht war, hatte uns gesehen und kam uns zu Hilfe. Sie lenkten die Hunde ab und lenkten die Aufmerksamkeit der Soldaten auf sich selbst. Es war eine riskante Entscheidung, aber sie hatten den Mut, uns zu helfen, als sie wussten, dass sie es genauso wenig entkommen konnten wie wir.

Die Hunde wurden zurückgerufen, und die Soldaten setzten ihre Suche in eine andere Richtung fort. Wir hatten es noch einmal geschafft – vorerst. Doch der Gedanke, wie nah wir dem Tod entkommen waren, ließ uns nicht mehr los. Es war ein ständiges Spiel auf Leben und Tod, und wir wussten, dass die Freiheit, nach der wir suchten, genauso flüchtig war wie der Moment, den wir gerade überlebt hatten.

Weiter in die Dunkelheit – Keine Pause

Als die Gefahr vorüber war, wagten wir uns wieder in Bewegung, doch die Erschöpfung, die Angst und der Schock, den wir gerade erlebt hatten, lasteten schwer auf uns. Wir wussten, dass wir uns keine Pause gönnen konnten. Jeder Schritt, jede Pause könnte unser Ende bedeuten, und wir mussten weiter marschieren, so lange unsere Beine uns trugen. Doch während wir vorwärtsgingen, wuchs in uns die Erkenntnis, dass es nie wirklich ein Ziel gab, das wir erreichen konnten. Wir waren auf der Flucht, und die Freiheit, nach der wir suchten, schien sich immer weiter von uns zu entfernen.

Doch das Ziel blieb das gleiche: weiter, immer weiter. In die Nacht, in den dichten Wald, in das unbekannte Land, das uns ein Leben in Sicherheit und Freiheit versprach.

Kapitel 14: Bulgarien – Ein Land ohne Mitleid

Gefangen in Bulgarien – Die Begegnung mit den Soldaten

Kaum hatten wir die Grenze nach Bulgarien überquert, spürten wir sofort, dass wir uns in einem Land befanden, in dem niemand auf uns wartete, in dem keine Hilfe zu finden war. Das Land war karg, die Sonne brannte unerbittlich auf uns herab, und der Boden war von Staub bedeckt, der in der heißen Luft wie eine undurchdringliche Wand lag. Es war, als ob uns die Erde selbst versuchte, zurückzuhalten – als ob jeder Schritt uns tiefer in eine aussichtslose Lage führte. Kein Baum, kein Schatten, nichts, das uns Erleichterung verschaffen konnte.

Die Luft war trocken, und der Durst brannte in unseren Kehlen wie ein heißer Stich. Wir hatten keine Wahl, als weiterzugehen. Doch die Strapazen der Reise und die konstante Angst vor Entdeckung machten es uns fast unmöglich, die Hoffnung zu behalten.

Nach stundenlangem Marsch, der uns tiefer in das bulgarische Land führte, fanden wir endlich eine kleine

Quelle. Das Wasser war trüb und verschmutzt, doch für uns war es ein wahrer Segen. In einem verzweifelten Versuch, uns zu erfrischen, tauchten wir unsere Hände in das Wasser und tranken, obwohl wir wussten, dass es uns vielleicht nicht guttun würde. Aber unsere Kehlen brannten, und unsere Körper verlangten nach einem Hauch von Leben.

Der Moment der Erleichterung währte jedoch nicht lange. Gerade als wir uns von der Quelle entfernten und versuchten, uns zu sammeln, ertönte plötzlich Hundegebell in der Ferne. Es kam näher, lauter, bis es in unsere Ohren drang. Das Geräusch ließ uns erstarren. In wenigen Sekunden hörten wir schon die Schritte der Soldaten. Bulgarische Grenzsoldaten stürmten auf uns zu, ihre Hunde an der Leine. Sie schrieen, ihre Waffen auf uns gerichtet, und befahlen uns, uns sofort auf den Boden zu legen.

Wir gehorchten. In solchen Momenten war der einzige Instinkt, sich zu fügen. Unser Leben war nichts wert für sie. Sie durchsuchten uns brutal, ohne mit der Wimper zu zucken, nahmen uns alles, was wir besaßen – unsere Handys, unser Geld, unsere wenigen Habseligkeiten. Sie selbst blickten uns mit einer Mischung aus Verachtung und Gleichgültigkeit an. Es gab keinen Funken Mitleid in ihren Augen. Nur Macht und Grausamkeit. Schließlich blieben wir nur noch in unseren zerrissenen Hosen und T-Shirts.

Unseren Füßen, die wir auf den langen Märschen geschunden hatten, gab es keine Erleichterung. Wir standen barfuß da, erschöpft, hungrig und voller Angst.

Doch das Schlimmste war, dass sie uns nicht einfach festhielten. Sie zwangen uns, die Grenze zurück nach Griechenland zu überqueren. Wir sollten zurückkehren – in den Ort, aus dem wir gerade geflüchtet waren, auf der Flucht vor den gleichen schrecklichen Schicksalen. Sie schickten uns wie Tiere zurück.

Die brutale Abschiebung – Zurück nach Griechenland

In einer quälenden Mischung aus Verzweiflung und körperlicher Erschöpfung mussten wir uns wieder auf den Weg machen. Der Weg zurück war genauso hart wie der Weg, den wir zuvor gegangen waren. Wir hatten keine andere Wahl, als weiterzugehen, obwohl jeder Schritt uns mehr blutige Fußsohlen und noch mehr Schmerzen brachte.

Unser Weg zurück nach Griechenland war eine Art ständiger Tortur. Es war ein ziemlicher Umweg, und wir wussten, dass wir keine Zeit verlieren durften. Je länger wir brauchten, desto mehr könnten wir in die Hände der Polizei geraten. Der Gedanke an einen weiteren Kontakt mit der bulgarischen Polizei ließ uns frösteln.

Es schien, als würde uns das Leben immer wieder in dieselbe Sackgasse führen. Wir hatten uns so viele Male aufgemacht, um zu entkommen, und doch waren wir immer wieder im gleichen Albtraum gefangen. Aber die Vorstellung, in Bulgarien zu bleiben, war noch schlimmer. Unsere Hoffnung war längst erschöpft, doch die einzige Wahl, die uns blieb, war, weiterzugehen.

Als wir endlich in Griechenland ankamen, war es bereits Nacht. Wir waren in einem Zustand, den man nur als körperlich und seelisch am Ende bezeichnen konnte. Unsere Körper schmerzten, und unsere Köpfe brummten vor Erschöpfung. Doch auch hier konnten wir nicht einfach aufhören. Wir mussten weiter, weiter, um ein wenig Ruhe und vielleicht ein wenig Frieden zu finden.

Die Soldaten in Griechenland – Hoffnung und Angst

Als der Morgen anbrach, fanden wir ein verlassenes Haus. Ein schäbiges Gebäude, das uns vor der sengenden Sonne und der kalten Nachtluft Schutz bot. Es war der einzige Ort, an dem wir uns ausruhen konnten. Wir fielen erschöpft auf den Boden und versuchten, ein paar Stunden zu schlafen, obwohl unser Körper gegen uns kämpfte. Aber der Schlaf war flach, unterbrochen von den Geräuschen des Windes und unserer eigenen Ängste.

Plötzlich hörten wir Schritte, und die Erinnerung an die bulgarischen Soldaten, die uns gerade zurückgeschickt hatten, ließ unser Herz schneller schlagen. Wir erschraken, dachten, die griechische Polizei könnte uns ebenfalls festnehmen und zurückschicken. Doch als die Soldaten uns ansahen, geschah etwas anderes. Sie sahen uns an – unsere zerrissenen Kleider, die blutigen Füße, die Narben und Verletzungen, die wir über die letzten Tage hinweg erlitten hatten. Sie sahen, dass wir erschöpft und verzweifelt waren, und irgendwie schien es, als könnten sie den Schmerz in unseren Augen lesen.

Im Gegensatz zu den bulgarischen Soldaten waren die griechischen Soldaten nicht grausam. Sie gaben uns Wasser und etwas zu essen. Es war nicht viel, aber es war mehr, als wir erwartet hatten. Es war ein Akt der Menschlichkeit inmitten all der Grausamkeit, die wir erlebt hatten. Für einen Moment fühlten wir uns gesehen, als wären wir keine Tiere mehr. Doch die Hoffnung, die wir in ihren Augen lasen, hielt nicht lange an.

Am Abend, als die Sonne unterging, wurden wir in ein Fahrzeug gesetzt – jedoch nicht, um uns in Sicherheit zu bringen. Stattdessen wurden wir in das Ungewisse gefahren. Die griechischen Soldaten hatten uns geholfen, aber sie konnten uns nicht befreien. Sie konnten uns nicht in Griechenland behalten. Stattdessen führten sie uns wieder auf einen weiteren Weg, der uns in die Hände der

Behörden führte. Es war eine erneute Deportation. Die Hoffnung, die uns einen Moment lang getragen hatte, zerbrach wieder.

Die Flucht durch Bulgarien und Griechenland war für uns eine Reise, die uns an die äußersten Grenzen unserer physischen und psychischen Kräfte brachte. Wir hatten von einem besseren Leben geträumt, von Freiheit und einem Ende der Verfolgung, doch jeder Schritt, den wir machten, führte uns wieder zurück in die Dunkelheit. Wir lernten auf diesem Weg, dass Mitleid in dieser Welt nur selten ist und dass die Suche nach Sicherheit und Freiheit eine unbarmherzige Prüfung darstellt. Doch auch wenn die Hoffnung schwand, wussten wir tief in uns, dass wir nie aufhören durften zu kämpfen.

Kapitel 15: Die brutale Abschiebung – Zurück in die Türkei

Die Abschiebung direkt zur Grenze

Es war ein Moment, den wir fast schon erwartet hatten, doch trotzdem traf es uns wie ein Schock. Die griechischen Soldaten, die uns zunächst Wasser und ein wenig Nahrung gegeben hatten, schienen uns nur aus einer kurzfristigen menschlichen Verpflichtung heraus zu helfen. Die Geste der Fürsorge war schnell verschwunden, und was darauf folgte, war die harte Realität: Sie würden uns nicht in Griechenland behalten. Es war zu gefährlich für sie, uns dort zu lassen – und zu gefährlich für uns, auf eine andere Art von Hilfe zu hoffen.

Ohne viel Aufhebens zwangen sie uns in ein Auto. Der Raum war eng, und der Gestank von Angst und Schweiß lag in der Luft. Die Fahrt war nicht lang, doch jeder Meter, den wir fuhren, war von der Angst geprägt, dass uns jemand entdecken könnte. Sie wollten uns nicht etwa auf eine Insel bringen oder in ein sicheres Gebiet transportieren – die griechischen Soldaten wollten uns loswerden, schnell und ohne weitere Komplikationen. Die

Grenze zur Türkei war nicht weit, und je schneller sie uns dorthin brachten, desto weniger Zeit hatten die türkischen Grenzbeamten, um uns zu sehen. Griechenland wollte die Verantwortung für uns nicht übernehmen, aber gleichzeitig war es ihnen auch zu gefährlich, die Abschiebung zu offensichtlich zu machen, um keine diplomatischen Konflikte zwischen den beiden Ländern zu provozieren.

Die griechischen Polizisten warteten auf den richtigen Moment. Sie hatten die türkische Seite im Blick und achteten genau darauf, dass keine türkischen Grenzbeamten in der Nähe patrouillierten. Sie wussten, dass, wenn die Türkei den Vorfall mitbekam, es zu einer diplomatischen Auseinandersetzung kommen würde. Daher warteten sie geduldig, bis der Moment günstig war. Schließlich, als sie sicher waren, dass keine türkischen Soldaten in der Nähe waren, zwangen sie uns mit harten Worten und Drohungen, über die Grenze zurückzukehren.

Flucht ins nächste Dorf – Bloß nicht entdeckt werden

Wieder zurück in der Türkei, fanden wir uns sofort in der bekannten, bedrohlichen Atmosphäre der Angst und der Unsicherheit. Die Grenze war nur ein symbolischer Punkt für uns, denn das wahre Problem lag woanders: Wir mussten uns verstecken. Es war uns klar, dass die türkischen Soldaten uns sofort festnehmen würden, wenn sie uns entdeckten. Wenn sie uns in ihre Hände bekamen, würden wir in ein Flüchtlingslager gebracht, aus dem es keinen Ausweg geben würde. Die Vorstellung, wieder in ein Lager gesperrt zu werden, war mehr als entmutigend. Die mentalen und physischen Qualen, die wir bereits durchlebt hatten, machten diese Möglichkeit fast unerträglich.

Mit jeder Sekunde, die verstrich, wuchs die Gefahr, entdeckt zu werden. Wir liefen so schnell wie möglich weiter, ohne uns umzusehen. Jedes Geräusch, jede Bewegung, die wir hörten, ließ uns innehalten. Die Straßen mussten wir meiden, ebenso wie jede größere Ansammlung von Menschen. Unsere Gruppe war in etwa 50 Personen, und wir wussten, dass auch andere, wie wir, von Griechenland zurückgeschickt worden waren. Es war nicht sicher, auf den Straßen zu bleiben, und wir wussten, dass Griechenland vermutlich noch mehr Menschen abschieben wollte.

Die griechischen Polizisten, die uns auf die türkische Seite gebracht hatten, mussten ihren Plan perfekt ausführen. Sie wussten genau, wie sie uns abwimmeln und wieder loswerden konnten, ohne auf der anderen Seite der Grenze enttarnt zu werden. Falls sie an diesem Tag auf türkische Soldaten gestoßen wären, hätten sie uns nicht abgeschoben. Sie warteten immer auf den Moment, an dem auf der türkischen Seite keine Patrouillen zu sehen waren, sodass sie uns ohne Risiko zurückschicken konnten. Doch für uns war das keine Option. Wir mussten weiter – so schnell wie möglich, ohne dass uns jemand entdeckte.

Ein Taxi zurück nach Istanbul – Zurück zum Ausgangspunkt

Nach mehreren Stunden des Laufens, die wie eine Ewigkeit erschienen, erreichten wir ein kleines, abgelegenes Dorf. Die Sonne brannte erbarmungslos auf uns herab, und die Erschöpfung war unerträglich. Unsere Füße bluteten, der Hunger nagte an uns, und die ständige Angst, von Soldaten oder Polizisten entdeckt zu werden, lähmte uns. Doch in diesem Moment spürten wir etwas anderes: eine schwache, fast verzweifelte Hoffnung. In diesem abgelegenen Dorf könnten wir es schaffen – hier, so fern von der Grenze, vielleicht konnte uns jemand helfen. Wir mussten einfach einen Moment der Ruhe finden, auch wenn es nur ein kleiner Moment war.

Die ersten Versuche, ein Taxi zu finden, waren erfolglos. Die wenigen Leute, die wir trafen, schauten uns misstrauisch an, ohne zu fragen, wer wir waren oder woher wir kamen. Doch dann – nach einer scheinbar endlosen Zeit des Wartens – hatten wir Glück. Ein alter, klappriger Wagen hielt neben uns. Der Fahrer sah uns an, und in seinen Augen war eine Mischung aus Misstrauen und Mitleid. Doch er sprach kein Wort. Ohne ein weiteres Wort des Gesprächs setzte er sich hin und fuhr los.

Die Fahrt zurück nach Istanbul war surreal. Es fühlte sich an, als würden wir durch die Zeit zurückreisen. Was wir in den letzten Wochen durchgemacht hatten, schien in diesem Moment fast unvorstellbar. Noch vor kurzem hatten wir uns eine bessere Zukunft erträumt, einen sicheren Ort in Griechenland. Jetzt aber saßen wir wieder in einem Taxi auf dem Weg zurück an den Ort, an dem unsere Reise überhaupt begonnen hatte: Istanbul.

Die Stadt, die wir als unseren Ausgangspunkt gewählt hatten, fühlte sich nun wie das Ende unserer Reise an. Doch dieses Ende war ein weiteres Hindernis. Die Flucht, die Hoffnung auf eine bessere Zukunft, war für uns gescheitert. Wir waren wieder am Anfang, in der Stadt, die uns zuerst den Traum von Freiheit und Sicherheit verkauft hatte – und dennoch war es der Ort, an dem dieser Traum zerbrach.

Zurück in Istanbul – Ungewissheit und Erschöpfung

Als wir schließlich zurück in Istanbul ankamen, wussten wir nicht, was als Nächstes kommen würde. Einige von uns dachten daran, es erneut zu versuchen. Vielleicht gab es doch einen anderen Weg, vielleicht einen, den wir übersehen hatten. Aber für viele von uns war der Traum von Europa ein ferner, unerreichbarer Stern geworden, der immer weiter in die Ferne rückte.

Die Erschöpfung war tief – körperlich und seelisch. Für einige war die Vorstellung, noch einmal aufzubrechen, zu viel. Sie waren erschöpft, sowohl von den physischen Strapazen der Flucht als auch von den seelischen Wunden, die uns die Reise zugefügt hatte. Doch die Ungewissheit, die nun über uns schwebte, war erdrückend. Wohin sollten wir gehen? Welche Wahl hatten wir noch?

In Istanbul fanden wir keine Antworten. Die Straßen, die wir einst als Fluchtweg gesehen hatten, fühlten sich jetzt wie ein Gefängnis an. Griechenland wollte uns nicht, die Türkei auch nicht. Doch der Weg nach Europa, so beschwerlich er auch gewesen war, schien für uns endgültig verschlossen. Und so stand erneut die Frage im Raum: Wohin sollten wir jetzt gehen?

KAPITEL 16: DER FÜNFTE VERSUCH – ÜBER DIE GRENZE UND DAS VERSTECKEN

Der fünfte Versuch – Rückblick auf die vorherigen Rückschläge

Fünf Versuche – das ist mehr, als ein Mensch ertragen sollte. Doch wir hatten keine andere Wahl. Es war unser Schicksal geworden, es immer wieder zu versuchen. Wenn einer scheiterte, planten wir schon den nächsten. Jeder Rückschlag brachte uns nicht nur körperlich, sondern auch seelisch an unsere Grenzen. Aber es war besser, zu kämpfen, als einfach aufzugeben.

Der fünfte Versuch war besonders. Er fühlte sich anders an, nicht nur, weil wir neue Informationen hatten, sondern weil wir wussten: Wenn wir dieses Mal scheitern, war alles verloren.

Der dritte und vierte Versuch waren fast identisch. In beiden Fällen hatten wir uns auf denselben gefährlichen Weg gemacht – durch Tunnel, in denen wir versuchten, unbemerkt unter der Grenze durchzuschlüpfen. Es war dunkel, eng und voller Angst. Beim vierten Mal hatten sie uns sogar im Tunnel selbst angegriffen, kurz bevor wir es geschafft hätten. Sie packten uns, nahmen uns fest, und wir wurden erneut zurück nach Istanbul geschickt. Dort warteten wir jeweils zwei Tage, sammelten unsere Kräfte – und starteten wieder. Es war wie ein Teufelskreis.

Doch der fünfte Versuch war anders. Diesmal wollten wir nicht durch den Tunnel, sondern über die Autobahn. Die Tunnel schienen zu riskant geworden zu sein – vielleicht gab es inzwischen Kameras darin, oder sie waren verstärkt überwacht. Diesmal mussten wir alles anders machen, wenn wir eine Chance haben wollten.

Die neue Hoffnung – Vorbereitung auf den fünften Versuch

Wir waren etwa 16 Personen, als wir aufbrachen. Darunter meine engen Freunde Rahmanullah und Ziaullah – zwei Menschen, mit denen ich schon vieles durchgemacht hatte. Rahmanullah ist heute in Norwegen, Ziaullah lebt in England. Doch damals standen wir Schulter an Schulter inmitten der Kälte, mit nichts außer Hoffnung im Gepäck.

Zwei Tage vor dem Grenzübergang versteckten wir uns in der Nähe der Grenze. Wir übernachteten draußen, mitten im Nichts – die Kälte war unser ständiger Begleiter. Es war bitterkalt, und manche schlugen vor, die mitgebrachte

Leiter zurückzulassen. Eine Leiter, die uns in früheren Versuchen geholfen hatte, über Hindernisse zu kommen – doch sie konnte auch Aufmerksamkeit erregen.

Einige sagten: „Wenn die Polizei die Leiter sieht, denken sie, hier sind wieder Flüchtlinge unterwegs.“ Also ließen wir sie zurück. Ein schwerer Fehler, wie sich später herausstellte.

Der Aufbruch – Die gefährlichste Phase beginnt

In der Nacht machten wir uns auf den Weg. Etwa vier Stunden lang liefen und rannten wir, über unebene Wege, durch eisige Kälte, mit dem Ziel: die Grenzmauer zu erreichen. Ohne Leiter wurde der Aufstieg schwer. Wir kletterten stattdessen einen steilen Berg hinauf, bis wir endlich von oben auf die Mauer blicken konnten. In der Ferne sahen wir Polizeistreifen, die den Bereich überwachten.

Wir blieben ruhig. Langsam, vorsichtig, fast schleichend bewegten wir uns weiter. Es vergingen fünf, sechs, vielleicht sieben Stunden, in denen wir wie Schatten durch die Dunkelheit krochen.

Am Ende dieses Weges befand sich kein Tunnel – dieses Mal war es die Autobahn, die wir überqueren mussten.

Das Risiko war riesig. Ein Auto, das uns sah, konnte alles zerstören.

Und genau das geschah: Ein Auto entdeckte uns. Die Menschen in Bulgarien wissen, dass sie eine Belohnung bekommen, wenn sie Flüchtlinge melden. Ein Monat mietfreies Wohnen, keine Stromkosten, kein Gas – das motiviert. Also riefen sie sofort die Polizei. Wir hörten die Geräusche, sahen, wie ein Licht aufflackerte, und wussten: Jetzt zählt jede Sekunde.

Die Flucht in den Wald – Überleben im Versteck

Wir rannten los. Ohne Plan, ohne Ziel – nur weg. Weg von der Straße, hinein in den Wald. Dort versteckten wir uns, vergruben uns fast im Boden, bewegten uns kaum. Es war eng, voller Dornen und Büsche, aber besser als entdeckt zu werden.

Vier bis fünf Stunden blieben wir im Versteck. In der Nähe hörten wir Polizeiautos. Manchmal glaubten wir, sie suchten uns gezielt. Vielleicht hatten sie Wärmebildkameras. Vielleicht hatten sie Hunde. Doch sie fanden uns nicht. Wir hatten Glück – oder vielleicht waren wir endlich schlauer gewesen.

Der Führerwechsel – Ein neuer Schleuser übernimmt

Nach dieser langen, stillen Nacht kam der Moment, in dem wir auf einen neuen Schlepper trafen. Unser vorheriger Führer kehrte zurück nach Istanbul – seine Aufgabe war erfüllt. Der neue Mann kannte sich aus. Er führte uns hoch in die Berge, über schneebedeckte Wege, durch kalten Nebel, hinab ins Tal, wieder hinauf.

Wir hatten kaum noch Wasser. Wenn wir Glück hatten, fanden wir einen Bach oder Fluss, in dem wir unsere Flaschen auffüllen konnten. Niemand sprach viel. Jeder Schritt war anstrengend. Jeder Blick in die Ferne war ein Gebet, dass wir bald ankommen würden.

Der bulgarische Führer hatte ein Handy. Von jedem Dorf, an dem wir vorbeikamen, telefonierte er mit jemandem. Jede Straße, die wir überquerten, musste sauber bleiben – kein Müll, keine Spuren, keine nassen Abdrücke. Der Schnee und Matsch konnten uns verraten.

Verloren im dichten Wald – Die Gruppe wird kleiner

Der Wald wurde immer dichter. Es war Nacht, und die Dunkelheit verschlang alles. Wir konnten kaum noch den Boden sehen. Zwei Männer aus unserer Gruppe verloren wir im Wald – sie waren plötzlich weg, vielleicht falsch abgebogen, vielleicht verletzt. Wir konnten nicht warten. Die Angst, entdeckt zu werden, war zu groß.

Autos fuhren an uns vorbei, ganz normale Fahrzeuge – doch auch sie waren gefährlich. In Bulgarien rufen viele Menschen sofort die Polizei, wenn sie Flüchtlinge sehen. Also versteckten wir uns immer wieder. Hinter Bäumen, unter Büschen, in Gräben.

Kapitel 17: Die Flucht – Der Versuch, nicht erwischt zu werden

Ankunft im Dorf – Unbekannte Hilfe und das gefährliche Versteck

Nach stundenlangem Laufen, Verstecken und Ausharren im dunklen Wald erreichten wir schließlich ein kleines Dorf. Es war mitten in der Nacht, vielleicht drei oder vier Uhr morgens. Die Luft war eisig, der Boden unter unseren Füßen hart gefroren, und wir waren völlig erschöpft. Unsere Beine zitterten, der Magen knurrte – viele von uns hatten seit einem ganzen Tag nichts gegessen. Trotzdem mussten wir leise bleiben, völlig unauffällig.

Der bulgarische Führer sprach kurz mit einem Einheimischen, der ganz ruhig aus seinem Haus trat. Ohne ein Wort bedeutete er uns, ihm zu folgen. Wir gingen durch ein kleines, von Schnee bedecktes Grundstück, vorbei an einem Hühnerstall und einer halb verfallenen Scheune – bis wir vor einer dunklen, verlassenen Garage standen.

Drinnen roch es nach altem Holz und Öl, aber sie war trocken, und das war alles, was zählte. Hier würden wir den Tag verbringen. Denn am Tag zu fliehen, war zu riskant. Die Gefahr entdeckt zu werden, war zu groß. Bis Mitternacht mussten wir in dieser Garage bleiben.

Wir legten uns auf den Boden. Kein Feuer, kein Licht, kein Laut. Nur das Zittern unserer Körper in der Kälte und das leise Atmen von 14 erschöpften Menschen. Zwei Männer hatten wir im Wald verloren, und niemand wusste, was mit ihnen passiert war. Ob sie noch lebten oder bereits geschnappt worden waren – wir konnten es nur hoffen.

Mitternacht – Aufbruch bei Schneesturm

Um Mitternacht klopfte es leise an der Garagentür. Der Führer war zurück. Wir mussten aufbrechen – wieder hinein in die Nacht, mitten in einen tobenden Schneesturm. Die Sicht war miserabel. Der Wind peitschte uns ins Gesicht, der Schnee sammelte sich in unseren

Kleidern, und der Boden unter unseren Füßen war glatt und rutschig.

Doch der Schlepper war erfahren. Er führte uns auf geheimen Wegen, abseits aller Kameras und Straßen, die durch Wärmebildtechnik kontrolliert wurden. Uns war klar: Ein falscher Schritt – und wir wären wieder in der Hölle.

Wir kletterten über Zäune, rannten über vereiste Wege und krochen durch schneebedeckte Felder. Und dann sahen wir sie – die Brücke, unter der wir durchmussten. Es war eine große Autobahnbrücke, und darunter gab es nur eine schmale Passage, durch die wir uns bücken und hindurchschleichen mussten.

Alles war ruhig – bis plötzlich ein Auto oben auf der Brücke anhielt. Die Scheinwerfer leuchteten direkt auf unsere Position. Wir erstarrten. Kein Laut. Keiner bewegte sich. Nach ein paar Minuten – die sich wie Stunden anfühlten – fuhr das Auto weiter. Wir atmeten auf.

Die letzte Etappe – Ankunft am Sammelpunkt

Nachdem wir stundenlang durch Schnee, Dunkelheit und Kälte gewandert waren, wurden wir endlich zu einem Fahrzeug gebracht. Doch es blieb nicht bei einem einzigen. Auf dem Weg zur nächsten Station wechselten wir ungefähr zehnmal das Auto. Jedes Mal stiegen wir hastig um – mal in einen kleinen Wagen, mal in einen Lieferwagen, dann wieder in ein anderes Fahrzeug. Immer wieder auf einem anderen Parkplatz, an einem anderen Ort, mit anderen Fahrern.

Niemand sprach viel. Jeder wusste, wie gefährlich jeder einzelne Halt war. Jeder neue Fahrer konnte bedeuten, dass alles vorbei war – oder dass wir einen Schritt näher kamen.

Nach all diesen Wechseln kamen wir schließlich in der Stadt Harmanli an. Dort wurden wir kurz abgesetzt – wir durften uns aber nicht ausruhen. Fast sofort ging es weiter. Der Schlepper sagte uns, wir müssten zu einem neuen Sammelpunkt.

Unter der Brücke von Plowdiw – Der Sammelpunkt

Der Sammelpunkt lag in Plowdiw, einer größeren Stadt weiter nördlich. Dort wartete auf uns ein weiterer Treffpunkt: eine Brücke, unter der wir uns versteckten. Es war dunkel, feucht, und der kalte Wind wehte durch jede Lücke. Der Schnee lag überall noch auf dem Boden, und unsere Kleidung war längst durchweicht. Trotzdem mussten wir dort ausharren – das war der Ort, wo wir gesammelt wurden, um auf den nächsten Schritt zu warten.

Wir waren erschöpft, durchgefroren, aber wir waren da – und das bedeutete: Wir hatten diesen Punkt erreicht. Es war ein Moment des Stillstands, aber auch des Übergangs.

Die Tankstelle – Die Polizei wird gerufen

Nach einiger Zeit wurden wir von dort zu einer Tankstelle gebracht. Es war ein kurzer Halt, doch entscheidend. Während wir dort warteten, kam plötzlich Bewegung auf – jemand hatte die Polizei gerufen. Ob es ein Passant war oder jemand von der Tankstelle, wussten wir nicht.

Kurz darauf traf die Polizei ein. Sie kamen ruhig, aber bestimmt. Sie sprachen uns an, fragten nach unseren Papieren, durchsuchten uns. Wir erklärten, dass wir Flüchtlinge seien – erschöpft, auf der Flucht, ohne Dokumente. Sie nahmen uns mit.

In der Polizeistation – Eine Nacht der Ungewissheit

Wir wurden in eine Polizeistation gebracht. Dort durchsuchte man uns gründlich. Unsere Taschen, Kleidung – alles wurde kontrolliert. Fingerabdrücke wurden jedoch nicht genommen. Wir mussten in einem Raum bleiben, saßen auf Bänken, einige schliefen auf dem Boden. Es war kalt, aber immerhin bekamen wir etwas zu essen – eine kleine Mahlzeit, ein bisschen Brot und Wasser.

Die Nacht war lang. Keiner von uns wusste, was am nächsten Morgen passieren würde. Würden wir abgeschoben? Festgehalten? Freigelassen?

Der Transport nach Swilengrad – Das Camp an der Grenze

Am nächsten Tag bekamen wir die Entscheidung mitgeteilt: Wir sollten nach Swilengrad gebracht werden. Eine Stadt nahe der Grenze zur Türkei – im äußersten Süden Bulgariens. Von dort aus sollten wir in ein Camp gebracht werden.

Niemand widersprach. Wir hatten keine Wahl. In einem Bus wurden wir dorthin gefahren, still, müde, innerlich leer. Es war nicht das Ziel, das wir erreichen wollten – aber es war auch nicht das Ende.

Es war ein weiterer Schritt auf einem langen Weg.

Kapitel 18: Der Kampf – 22 Tage im Gefängnis

Wir dachten, wir hätten es geschafft

Die Nacht, die wir durch den dichten Wald geschlichen waren, um die Grenze zu überschreiten, hatte uns allen das Gefühl gegeben, dass die Freiheit zum Greifen nah war. Wir hatten uns in den Verstecken und dunklen Ecken dieser Welt durchgekämpft, uns durch den Schnee gequält, den bitteren Wind ertragen und die Geräusche der Polizei immer wieder aus unserem Nacken gespürt. Doch als wir endlich, nach so vielen Rückschlägen und Entbehrungen, den Punkt erreichten, an dem wir dachten, es geschafft zu haben, sollte uns das Schicksal ein weiteres Mal eine grausame Lektion erteilen.

Die Ankunft im Gefängnis – Ein Ort der Dunkelheit

Es war ein ekelhafter, schmutziger Ort, der uns den Atem raubte. Das Gebäude, in das sie uns brachten, war alt und verfallen, als würde es die gesamte Verzweiflung, die es beherbergte, widerspiegeln. Der kalte Betonboden fühlte sich rau und unnachgiebig an, und die feuchten Wände rochen nach altem, abgestandenem Wasser. Der Geruch von Verzweiflung lag in der Luft, als wir in den Raum geworfen wurden.

Es gab keine Bettwäsche, keine Matratzen, nur den nackten, harten Boden. Das Licht war schwach, fast grell im Vergleich zu der Dunkelheit draußen, aber dennoch nicht genug, um den Raum zu erleuchten. Das einzige Fenster war hoch an der Wand angebracht, vergittert und winzig. Durch die Ritzen kam gerade so viel Sonnenstrahlen, dass wir niemals wirklich wussten, ob es Tag oder Nacht war. Es war ein Ort ohne Hoffnung, ohne Zukunft.

Kaum hatten wir uns in diesem kleinen, ungemütlichen Raum zusammengekuschelt, begannen wir zu realisieren, dass dies nun unser Leben war. Der Raum, der wie ein Gefängnis der Seele war, hatte uns in seinen Griff bekommen. Die Stille war überwältigend. Manche saßen schweigend an der Wand, andere versuchten, sich zu entspannen und auf dem kalten Boden zu schlafen. Es gab keine Gespräche, keine Möglichkeit, sich abzulenken. Nur der dumpfe Klang der eigenen Gedanken, die in den leeren Raum hallten.

Die erste Nacht – Der Beginn des Leidens

In der ersten Nacht wachte ich mehrmals auf. Der Boden war hart und unbequem, und meine Knochen schmerzten.

Mein Kopf war voll von Gedanken, die sich immer wieder im Kreis drehten. Was würde nun passieren? Hatten wir überhaupt noch eine Chance, aus diesem Loch zu entkommen?

Die Antwort kam schnell: Die Zeit zog sich wie ein endloser Albtraum. Es gab keinen Tagesrhythmus, keine Ablenkung, nichts, was uns das Gefühl gab, lebendig zu sein. Und doch zogen wir uns immer wieder zusammen, versuchten, uns gegenseitig zu trösten, wenn auch nur mit Blicken. Es gab keine Worte mehr – nur das Wissen, dass wir hier festsaßen und von der Welt abgeschnitten waren.

Die Tage vergingen in qualvollem Schweigen. Wenn überhaupt, gab es nur das gelegentliche Geräusch von Schlüsseln, die in Türen gedreht wurden, oder die Schritte der Polizisten, die uns während der Verhöre abholten. Doch das Essen, wenn man es so nennen konnte, war minimal. Es gab nur ein Stück trockenes Brot und eine dünne, geschmacklose Suppe. Die Portionen reichten kaum aus, um unseren Hunger zu stillen. Aber der Durst war das größte Problem. Das Wasser war rar und wurde immer nur in den kleinsten Mengen zugeteilt. Es war ein täglicher Kampf, nur um zu überleben.

Der Kampf gegen die Angst – Gedanken an Abschiebung

Ich dachte oft an die anderen, die mit uns zusammen in dieser Zelle saßen. Es waren viele, und alle waren sie in einer ähnlichen Situation wie ich. Keiner wusste, was passieren würde, wie es weiterging. Es gab keine klaren Informationen, keine Sicherheit, dass wir irgendwann freikommen würden. Ich fragte mich oft, was die anderen, die schon nach den ersten Verhören weggeführt wurden, jetzt erlebten. Waren sie zurück in einem Land, in dem sie sich nicht sicher fühlten? Hatten sie ihre Familien wiedersehen dürfen? Oder waren sie auf dem Weg zu einem weiteren Ort der Angst und des Leids?

Die Gedanken an Abschiebung quälten mich. Immer wieder flogen mir die Bilder der gesichtslosen Menschen zu, die ohne ein Wort in ein Flugzeug gesetzt wurden. Ihr Schicksal war besiegelt, sie waren einfach weg. Ich wollte nicht zu denen gehören. Ich konnte es nicht ertragen, den gleichen Weg zu gehen.

Die Verhöre – Fragen, die keine Antworten gaben

Nach einer Woche kam der erste von vielen Momenten, die uns noch tiefer in den Abgrund stürzten. Wir wurden einzeln zu den Beamten geführt, die uns mit kalten, neugierigen Blicken in Empfang nahmen. Ihre Fragen waren einfach, fast mechanisch, aber jede einzelne davon konnte unser Schicksal entscheiden. Sie wollten wissen: „Wie heißt du?“ „Woher kommst du?“ „Wie bist du hierher gekommen?“

Es waren Fragen, die in einer Welt ohne Menschlichkeit gestellt wurden. Die Antwort war nie wichtig. Es zählte nur, ob sie uns für schuldig befanden, uns als Menschen ohne Land abzustempeln, die einfach irgendwo hinverschickt werden mussten. Ihre Miene blieb stets undurchdringlich, und keiner von uns wusste, was die Antwort auf die nächste Frage für unsere Zukunft bedeuten würde.

Ich fragte mich, ob wir jemals die Chance bekämen, uns zu erklären, oder ob wir einfach nur Objekte in einem System waren, das nie beabsichtigte, uns als Menschen zu sehen.

Der Moment der Wahrheit – Die Registrierung

22 Tage nach unserer Ankunft, als die Dunkelheit der Verzweiflung uns fast erdrückt hatte, wurde ich erneut herausgeholt. Diesmal sollte es etwas anderes geben. In einem kahlen Büro, in dem Männer in Uniformen hinter einem Tisch saßen, wartete der Moment, der über unser weiteres Leben entscheiden würde. Auf dem Tisch lag ein

Papier, und der Mann hinter dem Schreibtisch sah mich mit einem kühlen Blick an.

„**Fingerabdrücke**."

Ich wusste sofort, was das bedeutete: Sie würden mich registrieren. Die Wahl war einfach: Entweder ich ließ es zu und stellte einen Asylantrag oder ich weigerte mich und riskierte, sofort abgeschoben zu werden. Was, wenn mein Antrag abgelehnt wurde? Was würde dann aus mir werden?

Es war der Moment der Unsicherheit. Mein Herz schlug wild. Doch ich wusste, dass ich keine Wahl hatte. Also legte ich meine Hand auf das Gerät, ließ meine Finger nacheinander abdrücken. Es war ein Moment voller Ängste, voller Ungewissheit. Würde ich bleiben dürfen? Oder war dies der letzte Schritt auf einem Weg, der zu einem weiteren dunklen Kapitel in meinem Leben führen würde?

Ich konnte nur hoffen.

Kapitel 19: Sofia – Der Weg zur Freiheit

Die ersten Tage nach meiner Entlassung aus dem Gefängnis waren unwirklich. 22 Tage hatte ich hinter Gittern verbracht, in einem Raum, der mir die Luft zum Atmen genommen hatte. Nun stand ich in Sofia, der Hauptstadt Bulgariens, und wusste nicht, ob ich mich freuen oder fürchten sollte. Die Stadt war anders als alles, was ich zuvor gesehen hatte. Modern, belebt, voller Menschen, die eilig ihren Alltag lebten – als wäre die Welt nicht voller Mauern, Grenzen und Gefängnisse.

Ich lief durch die Straßen und beobachtete das Treiben um mich herum. Niemand sah mich an, als wäre ich ein Verbrecher. Niemand stellte mir Fragen, wollte wissen, woher ich kam oder wohin ich wollte. Ich war einfach nur ein Gesicht unter vielen. Und doch fühlte ich mich nicht sicher. Zu oft hatte ich geglaubt, endlich in Freiheit zu sein, nur um wieder zurückgeschickt, festgenommen oder geschlagen zu werden.

Das Flüchtlingslager in Sofia – Ein Ort ohne Hoffnung

Nach meiner Ankunft wurde ich in ein Flüchtlingslager gebracht. Ich wusste nicht, wie lange ich dort bleiben würde. Tage? Wochen? Monate? Niemand gab mir Antworten. Die Unterkunft war überfüllt, das Essen knapp, die Bedingungen menschenunwürdig. Es gab zu wenige Betten, und die meisten von uns mussten auf dem Boden schlafen. Die Duschen funktionierten kaum, und das Wasser war eiskalt.

Ich traf Menschen aus verschiedenen Ländern – Syrer, Afghanen, Iraner, Iraker. Sie alle hatten ähnliche Geschichten, einige sogar schlimmere. Einer erzählte mir von seinem kleinen Bruder, der auf der Flucht in der Wüste gestorben war. Ein anderer berichtete von der Überfahrt über das Mittelmeer, bei der viele seiner Freunde ertrunken waren.

Diese Geschichten trafen mich tief. Trotz all dem, was ich durchgemacht hatte, war ich noch am Leben. Ich hatte es bis hierher geschafft. Doch was nun?

Die Realität in Bulgarien – Kein Ort für Flüchtlinge

Bulgarien war nicht das Ziel meiner Reise. Das war es für die wenigsten. Wer hier Asyl bekam, erhielt kaum Unterstützung. Viele Flüchtlinge lebten auf der Straße, schliefen in Parks oder in verlassenen Häusern. Einige wurden von Einheimischen bedroht oder ausgeraubt. Es gab keine Zukunft hier, keine Sicherheit, keine Hoffnung.

Die meisten, die ich im Lager traf, sprachen nur über eines: Deutschland. Frankreich. Die Niederlande. Länder, in denen man als Flüchtling nicht nur überlebte, sondern eine echte Chance auf ein neues Leben hatte. Bulgarien war für uns nur eine Zwischenstation – eine Hürde auf dem Weg nach Westeuropa.

Der Traum von Westeuropa – Doch wie?

Ich wusste, dass ich weiterziehen musste. Aber wie?

Jeden Tag hörte ich neue Geschichten über Menschen, die es geschafft hatten, Bulgarien zu verlassen. Einige hatten gefälschte Dokumente benutzt. Andere hatten Schleuser bezahlt, um sie über die Grenze zu bringen. Doch jeder dieser Wege war gefährlich. Die Kontrollen waren streng, die Strafen hart. Wer erwischt wurde, konnte wieder im Gefängnis landen oder zurück in sein Herkunftsland abgeschoben werden.

Ich dachte an alles, was ich bereits hinter mir hatte: die endlosen Nächte auf der Flucht, die Angst vor den Grenzpolizisten, die Gewalt, die Kälte, den Hunger. Ich hatte den Iran durchquert, die Türkei, Bulgarien. Und doch lag der schwierigste Teil meiner Reise noch vor mir.

Aber ich hatte keine andere Wahl.

Zwei Monate des Wartens – Die Suche nach einem Ausweg

Ich blieb zwei Monate in Bulgarien. Zwei Monate voller Unsicherheit, voller Angst, voller Hoffen und Bangen.

Jeden Tag fragte ich mich, ob mein Asylantrag angenommen werden würde. Und wenn ja – was dann? Sollte ich bleiben? Oder sollte ich weiterziehen, das Risiko auf mich nehmen, um endlich mein Ziel zu erreichen?

Ich verbrachte meine Tage damit, Informationen zu sammeln. Ich sprach mit anderen Flüchtlingen, hörte mir ihre Ratschläge an. Manche sagten mir, dass der sicherste Weg über Serbien führte. Andere meinten, dass Ungarn die beste Option war. Ich musste eine Entscheidung treffen.

Ich wusste nur eines: Ich konnte nicht hierbleiben.

Der Beginn einer neuen Reise

Ich wusste nicht, was die Zukunft für mich bereithielt. Ich wusste nicht, ob mein nächster Versuch erfolgreich sein würde – oder ob ich wieder scheitern würde.

Aber eines wusste ich mit Sicherheit:

Ich würde nicht aufgeben.

Kapitel 20: Von Sofia nach Serbien – Der lange Weg

Nachdem ich zwei Monate in Bulgarien verbracht hatte, wurde mir klar, dass ich nicht bleiben konnte. Bulgarien war kein Ort für Flüchtlinge. Es gab keine Unterstützung, keine Sicherheit, keine Zukunft. Wer hier blieb, war dem Elend ausgeliefert. Die meisten von uns hatten nur ein Ziel: Westeuropa. Und der nächste Schritt auf diesem Weg war Serbien.

Es war der 31. Januar, als ich mich mit einer Gruppe von etwa 16 Menschen auf den Weg machte. Wir wussten, dass dieser Abschnitt unserer Reise besonders gefährlich sein würde. Die Grenze zwischen Bulgarien und Serbien war schwer zu überqueren, die Kontrollen streng. Doch wir hatten einen Plan: Wir würden uns ruhig und unauffällig verhalten, unsere Papiere bereithalten und so tun, als wären wir nur auf der Durchreise.

Die Strategie – Der Trick mit Frankreich

Eines hatten wir in Bulgarien gelernt: Wenn wir in Deutschland Asyl beantragen würden, könnte man uns direkt wieder nach Bulgarien abschieben – gemäß dem Dublin-Abkommen, das besagte, dass Flüchtlinge in dem ersten EU-Land bleiben mussten, das sie betreten hatten. Bulgarien galt als sicheres Land, auch wenn wir wussten, dass es das in Wahrheit nicht war.

Deshalb gaben viele von uns an, nach Frankreich zu wollen. Warum Frankreich? Weil es komplizierter war, uns von dort aus zurück nach Bulgarien abzuschieben. Wenn wir sagten, dass unser Ziel Frankreich war, mussten die Behörden unsere Anträge gründlicher prüfen. Es war ein Trick, um Zeit zu gewinnen, um vielleicht doch einen legalen Weg zu finden, um vielleicht irgendwann endlich anzukommen.

Doch bevor wir über Asyl nachdenken konnten, mussten wir erst einmal die Grenze überqueren.

Der Marsch durch Schnee und Kälte

Wir verließen Sofia im Morgengrauen. Die Stadt, die uns für zwei Monate ein unfreiwilliges Zuhause gewesen war, lag still und verschneit hinter uns. Unsere Gruppe bestand aus Männern, Frauen und einigen Jugendlichen, alle mit dem gleichen Ziel: Serbien.

Der Weg war mühsam. Der Schnee lag tief, und mit jedem Schritt sanken unsere Füße ein. Die Kälte war brutal, sie biss sich durch unsere Kleidung, machte unsere Hände und Gesichter taub. Wir liefen durch Wälder und Hügel, immer darauf bedacht, keine Spuren zu hinterlassen.

Jede Stunde fühlte sich an wie ein Tag. Unsere Körper schmerzten, unsere Füße waren nass und eiskalt. Aber wir durften nicht aufgeben.

Nach einigen Stunden erreichten wir eine Straße. Wir wussten, dass hier gelegentlich Fahrzeuge vorbeikamen, und hofften, vielleicht eine Mitfahrgelegenheit zu finden. Doch jedes Mal, wenn ein Auto in der Ferne auftauchte, drückte sich unsere Gruppe instinktiv in den Schnee oder hinter Büsche. Wir konnten nicht riskieren, entdeckt zu werden.

Die Angst vor der Polizei

Immer wieder hörten wir Geschichten von Flüchtlingen, die an der serbischen Grenze von der Polizei aufgegriffen und brutal zurückgeschickt wurden. Manche wurden geschlagen, andere bestohlen. Es gab Berichte über Menschen, die mitten in der Nacht ohne Kleidung und Schuhe zurück nach Bulgarien geschickt wurden – bei Temperaturen weit unter dem Gefrierpunkt.

Wir wussten: Wenn sie uns erwischten, konnte alles vorbei sein.

Also gingen wir weiter. Stille, Schritte im Schnee, die eisige Luft in unseren Lungen.

Plötzlich hörten wir Motorengeräusche. Ein Fahrzeug näherte sich. Wir erstarrten. War es die Polizei? Oder vielleicht nur ein Bauer, der auf dem Weg zu seinem Hof war?

Wir hatten keine Zeit zu überlegen. Schnell rannten wir in ein nahegelegenes Waldstück und ließen uns zwischen den Bäumen fallen. Die Minuten, die das Fahrzeug brauchte, um vorbeizufahren, fühlten sich endlos an. Wir hielten den Atem an, wagten es nicht, uns zu bewegen.

Dann – Stille.

Langsam richteten wir uns wieder auf und gingen weiter.

Die erste Nacht zu grenze, Serbien – Ein Gefühl von Freiheit und Angst

Nach Stunden des Laufens erreichten wir endlich die Grenze. Es gab keinen Zaun, keine Mauer – nur einen unsichtbaren Strich auf der Landkarte. Doch für uns bedeutete dieser Strich alles.

Wir gingen weiter, vorsichtig und angespannt. Es war finster, keine Lichter, keine Straßen – nur Dunkelheit um uns herum. Dann, plötzlich, begann es zu schneien, und der Weg wurde immer länger. Doch wir waren noch nicht in Serbien.

Einige in der Gruppe wollten jubeln, andere hätten fast geweint. Aber niemand wagte es, ein Geräusch zu machen. Wir wussten, dass wir noch lange nicht sicher waren.

Jetzt mussten wir uns verstecken.

Die Suche nach einem Unterschlupf

Wir fanden eine verlassene Hütte, nicht mehr als eine Ruine. Doch sie bot Schutz vor dem eisigen Wind. Wir drängten uns zusammen, versuchten, uns gegenseitig zu wärmen.

Hunger, Durst, Erschöpfung – aber auch Hoffnung.

Wir hatten es geschafft.

Doch wir wussten: Unsere Reise war noch lange nicht vorbei.

Kapitel 21: Durch den Schnee – Die Überquerung der Grenze

Die Kälte war unser ständiger Begleiter. Sie kroch durch unsere Kleidung, biss in unsere Haut und ließ unsere Glieder steif werden. Doch es war nicht nur die Kälte, die uns zu schaffen machte – es war der tiefe Schnee, der jeden Schritt zu einer Qual machte.

Die Strapazen der Flucht

Seit Tagen waren wir unterwegs. Unsere Füße waren nass, unsere Kleidung gefroren an unseren Körpern, und unsere Kräfte ließen langsam nach. Der Schnee war so tief, dass er mir teilweise bis zur Brust reichte. Jeder Schritt war ein Kampf. Wir mussten uns gegenseitig helfen, um nicht stecken zu bleiben. Die Kälte saugte uns die letzte Energie aus dem Körper.

Wir waren erschöpft, aber aufgeben kam nicht in Frage. Es gab kein Zurück. Bulgarien war kein Ort, an dem wir bleiben konnten. Also kämpften wir uns weiter durch das eisige Weiß, auf der Suche nach einem sicheren Unterschlupf.

Wir hatten keine Karte, keinen klaren Weg, nur vage Informationen von anderen Flüchtlingen, die es vor uns versucht hatten. Sie hatten von kleinen Dörfern gesprochen, von verlassenen Häusern, in denen man sich für eine Nacht verstecken konnte. Doch die Angst, entdeckt zu werden, war immer da.

Das verlassene Haus – Ein trügerisches Versteck

Nach Stunden des Marschierens, als die Dunkelheit bereits über uns hereingebrochen war, erreichten wir schließlich ein kleines Gebäude am Rand eines Waldes. Es sah verlassen aus. Die Fenster waren eingeschlagen, die Tür hing schief in den Angeln. Doch es war ein Unterschlupf – und das war alles, was in diesem Moment zählte.

Drinnen war es eiskalt, aber zumindest waren wir vor dem Wind geschützt. Wir kauerten uns zusammen, versuchten, uns gegenseitig zu wärmen. Unsere nassen Schuhe stellten wir in eine Ecke, in der Hoffnung, dass sie über Nacht wenigstens ein wenig trocknen würden.

Ich schloss für einen Moment die Augen und versuchte, nicht an den Schmerz in meinen Füßen zu denken. Ich war so müde, dass ich nicht einmal mehr Hunger verspürte. Meine Gedanken drehten sich nur um eins: Schlaf.

Doch als der Morgen kam, wurden wir von etwas geweckt, das uns das Blut in den Adern gefrieren ließ.

Die schockierende Entdeckung

Einer von uns war als Erster wach und schaute sich draußen um. Plötzlich rief er leise, aber eindringlich:

„Kommt schnell! Seht euch das an!“

Verschlafen und mit schweren Gliedern krochen wir aus unserem Versteck. Und dann sahen wir es.

Unweit des Hauses wehte eine Fahne im Wind. Die Flagge von Bulgarien.

Mein Herz begann zu rasen. Wir dachten, wir hätten es fast geschafft. Doch in Wahrheit hatten wir uns verirrt. Anstatt Serbien näher zu kommen, waren wir in die falsche Richtung gelaufen – und hatten die Nacht womöglich in einem verlassenen Militärgebäude verbracht.

Panik breitete sich aus. Was, wenn wir entdeckt wurden? Was, wenn jemand gesehen hatte, dass wir hier waren? Wir wussten, dass bulgarische Grenzpolizisten oft hart vorgingen. Sie waren bekannt dafür, Flüchtlinge brutal zurückzuschicken – manche wurden dabei schwer verletzt oder starben im Schnee.

Die Flucht aus dem falschen Zufluchtsort

Wir mussten sofort aufbrechen. Ohne Frühstück, ohne Pause, ohne nachzudenken. Schnell packten wir unsere wenigen Habseligkeiten zusammen und machten uns wieder auf den Weg.

Doch das Gelände war schwierig. Es gab keine Straßen, keine Wege – nur Hügel und Berge, die im Schnee kaum zu erkennen waren. Wir liefen, stolperten, fielen hin und rafften uns wieder auf. Jeder Schritt war eine Qual, doch die Angst trieb uns weiter.

Der Weg durch die Berge – Ein Kampf gegen die Natur

Es war ein ständiges Auf und Ab. Ein Berg nach dem anderen, ein Tal nach dem nächsten. Die Berge, die uns vielleicht Schutz vor der Polizei boten, waren gleichzeitig unser größtes Hindernis.

Manchmal mussten wir auf allen Vieren klettern, weil der Boden zu steil und rutschig war. Unsere Hände gruben sich in den Schnee, unsere Knie wurden nass und taub vor Kälte.

Ein Mann aus unserer Gruppe, ein älterer Herr, fiel immer wieder zurück. Wir mussten ihn stützen, ihn ziehen, ihn motivieren weiterzugehen. Doch irgendwann brach er erschöpft zusammen.

„Lasst mich hier," flüsterte er. „Ich kann nicht mehr."

Doch wir wussten, dass das seinen sicheren Tod bedeuten würde. Also packten zwei von uns ihn unter die Arme und zogen ihn mit.

Es war ein endloser Kampf gegen die Natur. Unsere Körper schmerzten, unsere Gedanken wurden langsamer. Wir waren müde, hungrig, ausgelaugt. Doch wenn wir stehen blieben, würden wir erfrieren.

Also gingen wir weiter.

Die Hoffnung auf Serbien

Nach weiteren endlosen Stunden des Marschierens, als die Sonne bereits am Horizont versank, sahen wir endlich in der Ferne ein Zeichen der Hoffnung: die Lichter eines Dorfes.

War es Serbien? Waren wir endlich dort? Wir wagten es nicht zu hoffen, nicht zu glauben, dass wir die Grenze tatsächlich überwunden hatten. Doch wir waren immer noch unterwegs, die Lichter eines kleinen Dorfes in Bulgarien flackerten in der Ferne, und wir wussten, dass wir noch nicht am Ziel waren.Doch tief in mir keimte ein kleines, schwaches Gefühl auf, das ich lange nicht mehr gespürt hatte: Hoffnung.

Hoffnung, dass wir es vielleicht doch schaffen würden. Hoffnung, dass dieser Albtraum irgendwann ein Ende haben würde.

Und so setzten wir unseren Weg fort – Schritt für Schritt, in die Dunkelheit hinein, in Richtung einer ungewissen Zukunft.

Kapitel 22: Begegnung mit der Polizei – Der Hund und die Verfolgung

Der Schnee knirschte unter unseren Füßen, während wir uns vorsichtig vorwärtsbewegten. Jeder Schritt war mühsam, jeder Atemzug schmerzhaft in der eiskalten Luft. Wir waren erschöpft, doch die Angst hielt uns wach. Die Dunkelheit lag über uns, und nur das fahle Mondlicht erhellte unseren Weg.

Ein Geräusch im Dunkeln

Dann hörten wir es.

Ein leises, aber unverkennbares Geräusch hinter uns.

Schritte.

Zuerst dachten wir, es könnte einer von uns sein, doch dann kam das zweite Geräusch – das tiefe, bedrohliche Knurren eines Hundes.

Mein Herz setzte einen Schlag aus. Wir erstarrten, wagten nicht, uns zu bewegen.

Dann durchbrach das laute Bellen die Nacht.

Die Verfolgung beginnt

„Lauft!“ flüsterte jemand panisch, und plötzlich brach das Chaos aus.

Wir rannten. So schnell wir konnten.

Der Hund bellte unaufhörlich, das Echo hallte durch die kalte Luft. Hinter uns hörten wir nun auch Stimmen – Polizisten, die in einer fremden Sprache schrien. Sie hatten uns entdeckt.

Der Schnee war unser größter Feind. Er war so hoch, dass er uns immer wieder bis zu den Knien einsinken ließ. Jeder Schritt fühlte sich an, als würde uns der Boden verschlucken. Die Kälte brannte in unserer Lunge, doch wir konnten nicht stehen bleiben.

Hinter uns hörten wir die hastigen Schritte des Hundes, das Knacken von Ästen unter den Stiefeln der Polizisten. Die Scheinwerferstrahlen tanzten durch die Nacht, suchten nach uns. Wir mussten uns verstecken – doch wo?

Das verzweifelte Versteckspiel

Rechts von uns war ein Hügel, steil und bedeckt mit dichtem Gestrüpp. Es war unsere einzige Chance. Einer nach dem anderen kletterten wir hoch, rutschten auf dem eisigen Boden, hielten uns an Ästen fest, um nicht abzurutschen.

Ich wagte es nicht, nach hinten zu sehen, aus Angst, das Licht könnte mich treffen. Mein Atem ging stoßweise, mein Herz raste.

Oben angekommen, fanden wir eine kleine Senke, versteckt zwischen Bäumen. Wir drückten uns an den Boden, pressten unsere Körper in den Schnee, versuchten, so wenig Geräusche wie möglich zu machen.

Der Hund bellte weiter, kam näher.

Ich hörte, wie die Polizisten sich unterhielten, ihre Stimmen klangen angespannt. Dann das Knacken von Ästen – sie waren direkt unter uns.

Ich hielt den Atem an.

Augenblicke der Angst

Minuten verstrichen. Ich wagte nicht, mich zu bewegen. Der Hund scharrte am Boden, winselte, als hätte er unsere Spur gefunden.

Einer der Polizisten rief etwas. Für einen Moment dachte ich, sie würden uns entdecken. Ich bereitete mich auf das Schlimmste vor.

Doch dann – Stille.

Nur das Pfeifen des kalten Windes war zu hören.

Nach einer gefühlten Ewigkeit hörten wir Schritte, die sich entfernten. Dann das Geräusch eines Autos, das sich in der Ferne bewegte.

Die Polizei zog sich zurück.

Ich konnte es kaum glauben. Hatten sie wirklich aufgegeben?

Die Flucht geht weiter

Wir warteten noch eine Stunde, um sicherzugehen, dass sie nicht zurückkamen. Dann wagten wir es, uns zu bewegen. Unsere Glieder waren steif vor Kälte, unsere Muskeln schmerzten vom langen Liegen im Schnee.

Doch wir hatten keine Wahl. Wir mussten weiter.

Es war immer noch weit bis zur serbischen Grenze. Der Weg war unsicher, voller Gefahren, und wir wussten nicht, ob wir es schaffen würden.

Aber eines wussten wir:

Wir waren diesem Albtraum nur knapp entkommen – und wir würden nicht aufgeben.

Kapitel 23: Das Versteck und die Rückkehr zur Grenze

Die Flucht hatte uns völlig ausgezehrt. Seit Tagen bewegten wir uns durch dichte Wälder, über eisige Hügel und verschneite Felder. Wir hatten kaum geschlafen, unsere Mägen knurrten vor Hunger, und unsere Körper waren steif vor Kälte. Trotzdem kämpften wir weiter. Jeder Schritt war eine Qual, doch das Wissen, dass wir uns der Grenze näherten, hielt uns aufrecht.

Am vierten Tag erreichten wir endlich eine Straße. Der dichte Wald lag hinter uns, und vor uns erstreckte sich ein kleines Dorf. Es war still, nur der Wind rauschte durch die Bäume. In diesem Moment verspürten wir zum ersten Mal ein leises Gefühl von Hoffnung: Vielleicht hatten wir es endlich geschafft.

Wir waren in Serbien.

Das kleine Dorf lag verlassen vor uns. Kein Mensch war zu sehen, keine Fahrzeuge, nur ein paar alte Häuser und verschneite Wege. Wir bewegten uns vorsichtig weiter und entdeckten ein kleines, leerstehendes Haus am Rande des Dorfes. Dort versteckten wir uns – erschöpft, frierend und in ständiger Angst, entdeckt zu werden.

Trotz der Erschöpfung wagte es niemand, laut zu sprechen oder sich frei zu bewegen. Die Gefahr war noch nicht vorbei. Wir hatten Serbien erreicht, ja, aber der Weg in die Sicherheit war noch weit.

In dem kalten, dunklen Haus drängten wir uns zusammen, versuchten etwas Wärme zu finden und unsere letzten Kräfte zu sammeln. Draußen begann leise Schnee zu fallen. Jeder von uns dachte nur an eines: Durchhalten. Nicht aufgeben.

Entdeckt

Noch bevor wir das Dorf betreten konnten, hörten wir lautes Bellen. Mein Herz setzte einen Schlag aus.

Zwei Männer in Uniform tauchten aus dem Nichts auf. Sie führten große, kräftige Hunde an der Leine, die sofort auf uns aufmerksam wurden. Ein scharfes Kommando – und die Tiere begannen wild zu bellen und an ihren Leinen zu zerren.

Wir erstarrten.

Die Hundeführer beobachteten uns für einen Moment. Dann griff einer von ihnen zum Funkgerät und sprach schnell und entschlossen in einer Sprache, die wir nicht verstanden. Wir wussten, was das bedeutete.

Die Polizei war unterwegs.

Jemand flüsterte: „Wir müssen rennen."

Doch wir wussten, dass es zwecklos war. Wir waren zu schwach, zu erschöpft, und der Schnee war zu tief. Schon nach wenigen Minuten tauchten mehrere Polizeifahrzeuge auf. Blaulicht blitzte durch die kahlen Bäume. Türen schlugen auf, schwere Stiefel knirschten im Schnee.

Es war vorbei.

Deutsche Beamte und eine ungewisse Zukunft

Wir wurden umzingelt. Die serbische Polizei trat nach vorne, ihre Blicke kalt und berechnend. Aber dann bemerkten wir etwas Merkwürdiges: Neben ihnen standen Männer in dunklen Uniformen mit deutschen Abzeichen.

Deutsche Polizisten.

Warum waren sie hier?

Mein Kopf raste. Es gab Gerüchte über Kooperationen zwischen europäischen Ländern zur Bekämpfung der illegalen Migration. Waren sie hier, um uns sofort nach Bulgarien zurückzubringen? Hatte unser Kampf für die Freiheit an diesem Ort sein Ende gefunden?

Einer der deutschen Beamten musterte uns eindringlich. Er schien sich bewusst zu sein, in welchem Zustand wir waren – unsere Gesichter ausgemergelt, unsere Kleidung zerrissen, unsere Haut gezeichnet von den Strapazen der letzten Tage.

Er begann, mit den serbischen Beamten zu diskutieren. Wir verstanden kaum ein Wort, doch seine Stimme klang bestimmt. Es schien, als würde er sich für uns einsetzen.

Ein Funken Hoffnung keimte in mir auf.

Nach einem Moment des Schweigens nickten die serbischen Polizisten schließlich. Wir atmeten tief durch.

Zwischenstation Krankenhaus

Statt uns direkt zurückzuschicken, brachten sie uns in ein nahegelegenes Krankenhaus. Es war das erste Mal seit Wochen, dass wir in einem warmen Raum waren. Die Luft war erfüllt von dem sterilen Geruch von Desinfektionsmitteln, das Licht grell und ungewohnt.

Ärzte und Krankenschwestern untersuchten uns, reinigten unsere Wunden, gaben uns Wasser. Es waren nur einfache medizinische Maßnahmen, aber für uns fühlte es sich wie ein Hauch von Menschlichkeit an, den wir lange nicht mehr erfahren hatten.

Doch die Ungewissheit nagte weiter an uns.

Nach ein paar Stunden wurden wir erneut abgeholt – diesmal zur Polizeistation. Wir wurden in einen kleinen Raum geführt, ohne zu wissen, was auf uns zukam.

Die Zeit verstrich quälend langsam.

Jeder von uns dachte an das Schlimmste. Würden sie uns in ein Abschiebelager bringen? Uns direkt zurück nach Bulgarien schicken?

Eine Entscheidung fällt

Dann, nach stundenlangem Warten, betrat ein hochrangiger Beamter den Raum. Er hielt ein Dokument in der Hand, seine Miene war undurchdringlich.

„Ihr werdet nicht abgeschoben“, sagte er schließlich.

Die Worte brauchten einen Moment, um zu uns durchzudringen. Dann spürte ich, wie sich eine riesige Last von meinen Schultern löste.

„Ihr werdet nach Belgrad gebracht.“

Belgrad.

Es war nicht die Freiheit, von der wir geträumt hatten, aber es war eine zweite Chance. Eine Möglichkeit, weiterzukämpfen.

Als wir schließlich in das Polizeifahrzeug stiegen, das uns nach Belgrad bringen würde, sahen wir aus dem Fenster in die dunkle Nacht.

Unsere Reise war noch lange nicht vorbei.

Aber wir hatten diesen Kampf überlebt.

Kapitel 24: Belgrad – Neue Hoffnung in einer neuen Stadt

Nach den qualvollen Tagen im Schnee und der ständigen Angst vor einer Abschiebung brachte man uns schließlich nach Belgrad. Die Fahrt in die serbische Hauptstadt war lang und still. Niemand sprach ein Wort. Wir waren erschöpft, doch tief in uns spürten wir einen Funken Hoffnung. Vielleicht war dies eine neue Chance. Vielleicht bedeutete Belgrad einen Neuanfang.

Als wir in der Stadt ankamen, wurden wir aus dem Fahrzeug entlassen und standen mitten im Chaos einer fremden Welt. Autos rasten an uns vorbei, Menschen eilten über die Straßen, Neonlichter blinkten in den Schaufenstern der Geschäfte. Es war das erste Mal seit Wochen, dass wir uns wieder in einer belebten Stadt befanden.

Doch was bedeutete das für uns?

Die Suche nach einem sicheren Ort

Die Polizei hatte uns keine weiteren Anweisungen gegeben. Kein Lager, keine Unterkunft, keine Hilfestellung. Wir waren auf uns allein gestellt. Wir liefen durch die Straßen, beobachteten die Menschen, versuchten, herauszufinden, wohin wir gehen konnten.

In einem Park trafen wir schließlich auf eine Gruppe von Flüchtlingen, die schon länger in Belgrad waren. Sie erzählten uns von einem Ort namens „Shamschi Camp“, einem Lager in der Nähe der serbischen Grenze, wo wir Schutz finden könnten. Es war kein offizielles Lager, sondern eher ein provisorischer Ort, an dem Menschen wie wir unterkamen – jene, die weiterziehen wollten, aber noch auf den richtigen Moment warteten.

Wir entschieden uns, dorthin zu gehen.

Das Camp – Hoffnung und Frustration

Nach einer langen Reise erreichten wir das Camp. Es war eine trostlose Ansammlung von Zelten und notdürftig errichteten Unterkünften. Der Boden war matschig, die Luft feucht und kalt. Es gab kaum richtige Versorgung –

das Essen war spärlich, das Wasser knapp, und die hygienischen Bedingungen schlecht.

Dennoch war es ein Ort, an dem wir für einen Moment durchatmen konnten. Wir mussten nicht sofort weiter, wir konnten uns ausruhen, Kraft schöpfen.

Die Menschen im Camp waren aus vielen verschiedenen Ländern. Einige hatten ihre Familien verloren, andere waren schon mehrmals zurückgeschickt worden. Jeder hatte seine eigene Geschichte, aber alle teilten das gleiche Ziel: Sie wollten weiter, wollten es nach Westeuropa schaffen, in ein Land, das ihnen eine Zukunft bieten konnte.

Doch die Tage verstrichen, und die Frustration wuchs. Wir wussten nicht, wie lange wir hier bleiben würden. Zehn Tage verbrachten wir in diesem Camp, gefangen zwischen Hoffnung und Verzweiflung.

Die Frage aller Fragen: Gehen oder bleiben?

Jeden Tag diskutierten wir unsere Möglichkeiten. Sollten wir in Serbien bleiben? Einen weiteren Asylantrag stellen? Oder sollten wir einen neuen Weg finden, um nach Deutschland zu kommen?

Die meisten von uns wussten die Antwort bereits. Serbien war für uns nur eine Zwischenstation. Wir hatten nicht all diese Strapazen auf uns genommen, um hier zu bleiben.

Wir wollten weiter.

Aber wie?

Schlepper forderten hohe Summen für eine Überfahrt in den Westen. Einige versuchten, es auf eigene Faust über die Grenze zu schaffen, doch viele wurden von der Polizei erwischt und zurückgeschickt. Jeder Schritt nach vorne war mit Risiken verbunden.

Doch wir waren bereit, es noch einmal zu versuchen.

Unsere Reise war noch nicht vorbei.

Kapitel 25: Die Reise und der Kampf um Freiheit

In den langen Wochen der Flucht, zwischen den unsicheren Nächten und den schwierigen Tagen, habe ich oft über die Bedeutung von Freiheit nachgedacht. Freiheit war nicht nur das Überqueren von Grenzen oder das Verlassen eines Landes – sie war der tiefste Wunsch, den wir in uns trugen. Diese Reise war nicht nur eine Flucht vor Krieg und Armut, sondern auch ein kontinuierlicher Kampf um das, was jeder Mensch verdient: ein Leben in Freiheit und Würde.

Ich möchte an dieser Stelle darauf hinweisen, dass nicht alle Menschen, die nach Europa kommen, die gleichen Hintergründe oder Absichten haben. Es ist entscheidend, dass wir verstehen, dass hinter jeder Geschichte eine einzigartige Erfahrung steckt. Jeder Flüchtling bringt eine eigene, oft schmerzliche Reise mit sich, die von Verlust, Angst und Sehnsucht nach einem sicheren Leben geprägt ist. Es gibt keine einheitliche Fluchtgeschichte. Wir sind Menschen, keine Nummern oder Statistiken.

Als Muslime sind wir in vielen Teilen der Welt für unseren Glauben bekannt. Doch oft wird dieser Glaube missverstanden. Zu oft wird uns vorgeworfen, dass wir nicht in die Gesellschaften, in denen wir leben, integriert sind oder uns den Werten der westlichen Welt widersetzen. Doch das ist nicht die Realität. In Wahrheit basieren unsere Prinzipien auf Frieden, Respekt und Mitgefühl. Der Islam lehrt uns, unseren Nächsten zu achten und in Frieden zu leben. Diese Werte sind es, die uns in der Fremde leiten, die uns die Kraft geben, weiterzugehen, auch wenn die Reise scheinbar unendlich ist.

Ein Missverständnis, das immer wieder auftaucht, ist, dass wir aus eigennützigen Gründen in Europa sind – dass wir nach Wohlstand oder einem besseren Leben streben. Aber was wir wirklich suchen, ist Sicherheit. Es geht nicht um Reichtum oder Luxus, sondern um das einfache Recht, ein Leben ohne die ständige Bedrohung von Gewalt, Verfolgung oder Tod zu führen. Wir sind auf der Suche nach einem Ort, an dem wir nicht in Angst leben müssen, an dem wir unsere Familie schützen können und an dem wir die Chance haben, ein neues Leben aufzubauen. Wir suchen keine Abhängigkeit, sondern die Möglichkeit, unser Schicksal selbst in die Hand zu nehmen.

Es ist wichtig, dass wir diese Unterschiede anerkennen und den anderen mit Respekt begegnen. Jeder Mensch, der auf der Flucht ist, trägt eine Geschichte der Hoffnung in sich, und es ist dieser Funken der Hoffnung, der uns immer wieder antreibt. Das Verstehen und Akzeptieren der Vielfalt unserer Erfahrungen und Hintergründe ist der erste Schritt zu einem friedlicheren und gerechteren Miteinander. Wir alle möchten das Gleiche: ein Leben in Freiheit, ohne Angst, ohne Zwänge – ein Leben, in dem wir unser Potenzial entfalten können.

Und so, trotz der Schwierigkeiten und der Unsicherheit, die uns immer wieder begleiteten, wusste ich, dass diese Reise nicht nur eine Reise war, die uns in ein sicheres Land führen würde, sondern auch eine Reise, die uns dazu aufrief, als Gesellschaft über unsere Werte nachzudenken – über das, was wir wirklich für richtig halten, über das, was es bedeutet, Mensch zu sein, und über das, was es heißt, in einer Welt des Friedens und des Respekts zu leben.

Diese Reise war also nicht nur ein Kampf um unser eigenes Überleben, sondern auch um die Erinnerung daran, was Freiheit und Menschlichkeit wirklich bedeuten.

Kapitel 26: Im Shamschi Camp – Der Alltag und die Hoffnung

Die Tage im Adasevci Camp waren hart, doch sie wurden zu einer Zeit des Lernens und der Hoffnung. Am 7. Februar kam ich dort an, und für die nächsten zehn Tage wurde das Camp zu einem vorübergehenden Zuhause. Die Bedingungen waren schwierig – es war kalt, überfüllt und manchmal schien jede Stunde eine endlose Herausforderung zu sein.

Viele Flüchtlinge kannten das Camp auch unter dem inoffiziellen Namen „Shamschi Camp“, benannt nach einem Helfer, der in der Region bekannt war und vielen Menschen in dieser schweren Zeit geholfen hatte. Doch offiziell trug der Ort den Namen Adasevci Camp.

Trotz aller Härten gab es Momente, die mir halfen, den Glauben an das Gute im Leben zu bewahren. Freiwillige brachten warmes Essen, manchmal gab es saubere Kleidung, und kleine Gespräche mit anderen Flüchtlingen gaben neue Kraft. Jeder von uns trug seine eigene Geschichte, seine eigene Hoffnung auf ein besseres Leben. Und inmitten dieser Verzweiflung wurde Adasevci für kurze Zeit ein Ort, der uns alle verband.

Das Camp war überfüllt und chaotisch, mit Menschen, die aus allen Ecken der Welt kamen, jeder mit seiner eigenen Geschichte und seinem eigenen Schicksal. Die Unterkünfte waren spartanisch und die Mahlzeiten spärlich. Dennoch war die Hoffnung, die uns alle verband, stärker als die Erschöpfung, die wir täglich erlebten. Es war eine stille, unsichtbare Kraft, die uns weitermachen ließ – die Vorstellung, dass dies nicht das Ende war, sondern nur ein weiteres Etappenziel auf unserem langen Weg.

Während dieser Zeit lernte ich viele Menschen kennen, die ebenfalls auf der Suche nach einem besseren Leben waren. Besonders erinnerte ich mich an etwa drei bis vier Mädchen aus Deutschland, die sich in derselben schwierigen Situation befanden. Trotz unserer unterschiedlichen Herkunft und Sprache fanden wir einen gemeinsamen Nenner und begannen, miteinander zu sprechen und uns gegenseitig zu unterstützen. Die Sprache der Hoffnung, der Freundschaft und des Mitgefühls war eine, die wir alle verstanden.

In den Momenten, in denen wir uns nicht mit den alltäglichen Herausforderungen beschäftigten, fanden wir kleine Fluchten, die uns für einen Moment den Schmerz und die Sorgen des Alltags vergessen ließen. Ich erinnere mich an die kleinen, aber wichtigen Freuden – das Spiel von UNO, das wir lernten, die Bilder, die wir malten, und die Lachen, die trotz der Schwere unserer Lage immer wieder durchbrachen. Es war, als ob diese wenigen Minuten des Spiels und der Ablenkung unsere Seelen heilten und uns daran erinnerten, dass wir noch lebendig waren und noch Hoffnung hatten.

Natürlich war ich mir bewusst, dass dies nicht mein endgültiges Ziel war. Shamschi war nicht der Ort, an dem ich dauerhaft bleiben konnte. Ich musste weiter. Doch zu diesem Zeitpunkt wusste ich noch nicht, wohin der nächste Schritt mich führen würde. Wir sprachen über die Länder, die vor uns lagen – über Rumänien, über Deutschland. Aber jeder dieser Schritte war unsicher. Wir wussten, dass die Reise immer weitergehen würde, mit all den Unbekannten und Gefahren, die uns noch bevorstanden.

Die Wochen vergingen, und bald wurde mir klar, dass es Zeit war, das Camp zu verlassen. Unsere Reise führte uns durch Serbien und Rumänien, wobei wir in jeder dieser Etappen mit neuen Herausforderungen konfrontiert wurden. Die Bedingungen änderten sich, aber die Schwierigkeiten blieben die gleichen. Von Serbien aus machten wir uns auf den Weg nach Rumänien, wo wir erneut mit der Angst konfrontiert wurden, entdeckt und abgeschoben zu werden. Doch diese Angst konnte uns nicht stoppen. Mit jedem Schritt, den wir machten, fühlten wir uns näher an unserem Ziel, auch wenn der Weg noch lange und ungewiss war.

Es war eine Reise, die uns durch zahlreiche Länder führte, jedes mit seinen eigenen Herausforderungen, aber auch mit neuen Möglichkeiten. Die Begegnungen mit anderen Flüchtlingen, die die gleiche Hoffnung teilten, halfen uns, weiterzukommen. Wir lernten, uns aufeinander zu verlassen, uns gegenseitig zu stützen und uns in den dunkelsten Momenten gegenseitig zu erinnern, dass wir nicht allein waren.

Endlich, nach ungefähr einem Monat – einer langen, von Herausforderungen geprägten Reise – erreichten wir schließlich unser Ziel: Deutschland. Der Weg dorthin war hart und von vielen Ängsten begleitet, aber es war der Ort, an dem wir hofften, eine neue Zukunft aufzubauen. Doch auch wenn wir unser Ziel erreicht hatten, war uns bewusst, dass dies erst der Beginn eines neuen Abschnitts war – ein Abschnitt, in dem wir weiterkämpfen mussten, um ein Leben in Sicherheit und Würde zu führen.

Deutschland war nicht die endgültige Antwort auf all unsere Fragen und Ängste, aber es war ein Ort der Hoffnung, der uns die Möglichkeit gab, unsere Träume zu verwirklichen. Es war das Land, das uns eine Chance auf einen Neuanfang gab, und obwohl wir noch nicht wussten, was die Zukunft für uns bereithielt, fühlte es sich an, als hätten wir einen sicheren Hafen gefunden.

Doch auch in Deutschland war die Reise noch nicht zu Ende. Es war nur der Beginn eines neuen Kapitels, das uns vor neue Herausforderungen stellen würde – aber mit dem Wissen, dass wir, wie immer, nicht allein waren und immer weiterkämpfen würden.

Kapitel 27: Der Weg nach Rumänien – Ein weiterer Schritt auf der Flucht

Am 16. Februar 2022 war es endlich so weit – wir machten uns auf den Weg nach Rumänien. Es war ein schwieriger und anstrengender Tag, aber er sollte sich als ein Wendepunkt auf meiner Reise herausstellen. Nachdem ich tagelang in verschiedenen Flüchtlingslagern in Serbien verbracht hatte, sehnte ich mich nach dem Moment, in dem ich das Gefühl haben würde, einen Schritt näher an meinem Ziel zu sein.

Vom Shamschi Camp aus nahmen wir ein Taxi nach Belgrad. Die Fahrt dauerte etwa zwei bis drei Stunden und führte uns durch verschneite Landschaften, die wir nur flüchtig wahrnahmen. Unsere Gedanken waren bei dem, was vor uns lag: die Grenze nach Rumänien, das unbekannte Land, das uns einen weiteren Schritt von der Sicherheit in Europa näher bringen würde. Doch ich wusste, dass die Reise nach Rumänien noch viele Herausforderungen mit sich bringen würde.

In Belgrad angekommen, organisierten wir uns schnell ein Busticket. Die Informationen, die wir von den anderen Flüchtlingen und Reisenden erhalten hatten, halfen uns dabei, den richtigen Weg zu finden. Es gab eine Reiseleiterin, die uns begleitete und uns den Übergang zur Grenze erleichtern sollte. Obwohl es uns beruhigte, jemanden zu haben, der sich auskannte, war die Ungewissheit darüber, was uns an der Grenze erwartete, immer noch allgegenwärtig.

Das erste Stück der Reise war relativ ruhig. Der Bus fuhr durch verlassene Straßen, und wir konnten in der Ferne die schneebedeckten Berge sehen, die sich wie unüberwindbare Barrieren vor uns erhoben. Es gab viele Momente der Stille, in denen ich nur die Geräusche des Motors und das Rauschen des Windes hörte. Unsere Gedanken kreisten ständig um das, was vor uns lag. Einige von uns versuchten, sich gegenseitig zu beruhigen, während andere einfach in ihren eigenen Gedanken versanken.

Als wir in einem kleinen Dorf außerhalb von Belgrad anhielten, hatten wir das Gefühl, dass wir für einen Moment in Sicherheit waren. Das Dorf war leer, nur wenige Häuser standen entlang der Straße, und wir fanden ein kaputtes Haus, in dem wir die Nacht verbringen konnten. Es war kein Ort der Ruhe, aber es war ein Ort, an dem wir für ein paar Stunden unsere Wachen senken konnten.

In diesem verlassenen Haus, das wie ein Relikt aus einer anderen Zeit wirkte, versammelten wir uns um eine kleine Feuerstelle und versuchten, die kalte Nacht zu überstehen. Es war ein beengender Ort, aber für uns war er ein kleines Stück Heimat auf der langen Reise. Ich hatte die Gelegenheit, mich mit den anderen Reisenden auszutauschen, unsere Geschichten zu teilen und uns gegenseitig Mut zu machen.

Doch der nächste Morgen brachte uns wieder die Realität vor Augen. Als die ersten Sonnenstrahlen die Schneelandschaft erleuchteten, wussten wir, dass wir uns wieder auf den Weg machen mussten. Das Gefühl der Ungewissheit und die ständige Angst vor Entdeckung waren immer präsent. Wir konnten uns keine Fehler erlauben. Jeder Schritt musste wohlüberlegt sein, jede Entscheidung konnte unsere Reise entweder beschleunigen oder uns zurückwerfen.

Die Grenze nach Rumänien war näher, aber sie war auch von Risiken umgeben. An den Grenzübergängen gab es immer wieder Kontrollen, die uns zu einem Versteckspiel zwangen. Die Flucht über diese Grenze war kein einfacher Prozess, und wir mussten uns immer wieder fragen, wie weit wir gehen konnten, ohne entdeckt zu werden.

Der Weg dorthin führte uns durch eine karge Landschaft – kahle Bäume, leere Felder und vereiste Straßen. Doch trotz der Härte der Bedingungen spürte ich eine aufkeimende Hoffnung. Rumänien war für uns der nächste Schritt in ein sicheres Europa. Wir hatten die Bulgarische Grenze hinter uns gelassen und gingen nun in ein Land, das uns einen Teil des Weges in Richtung Westeuropa, und damit in eine bessere Zukunft, eröffnen würde.

Der Tag zog sich in die Länge, und als wir die Grenze erreichten, spürte ich eine Mischung aus Angst und Erleichterung. Wir hatten es bis hierher geschafft, aber wir wussten, dass das, was vor uns lag, noch mehr Schwierigkeiten bereithielt. In der Ferne sah ich die Polizeiwachen, die uns beobachteten. Die wenigen Menschen, die uns begegneten, schienen keine Notiz von uns zu nehmen. Doch die Unsicherheit über das, was in den nächsten Stunden passieren würde, lag wie ein Schatten über uns.

Als wir schließlich an die Grenze nach Rumänien kamen, wurden wir von einem Grenzbeamten kontrolliert. Es war ein Moment der Spannung. Die Anspannung in der Luft war greifbar. Doch zum Glück passierte nichts. Wir durften weiterziehen, ohne auf größere Hindernisse zu stoßen, und konnten die Grenze nach Rumänien überqueren. Es war ein weiterer Schritt auf dem langen und beschwerlichen Weg, aber es war ein Schritt, den ich mit einem Gefühl der Erleichterung nahm. Es war der Moment, in dem ich wusste, dass wir ein weiteres

Etappenziel erreicht hatten – und vielleicht war dies der Beginn eines neuen Abschnitts unserer Reise.

Doch dieser Tag war auch eine Erinnerung daran, wie fragil unsere Reise war und wie wichtig es war, weiterhin vorsichtig und wachsam zu bleiben. Jeder Schritt, den wir machten, war begleitet von der Erkenntnis, dass wir uns immer noch in einem ungewissen Land befanden – aber auch von der Gewissheit, dass jeder weitere Schritt uns näher zu dem Ziel brachte, das wir uns in unseren Herzen erhofft hatten: ein Leben in Freiheit und Sicherheit.

Kapitel 28: Die Überquerung der Grenze – Ein Kampf im Fluss

Am nächsten Tag setzten wir unsere Reise fort, in der Hoffnung, endlich einen weiteren Schritt in Richtung Sicherheit zu machen. Ein Taxi brachte uns näher an die Grenze, aber das, was wir dort vorfanden, war weit entfernt von dem Bild einer klaren, gut markierten Grenzlinie, das man sich vielleicht vorstellt. Stattdessen standen wir vor einem unzugänglichen, wilden Flussbett, das uns die Überquerung der Grenze abverlangen sollte. Der Fluss, der die Grenze zwischen Serbien und Rumänien markierte, war in dieser Jahreszeit besonders hoch und seine Strömung stark. Das kalte Wasser zog sich wie ein eisiger Schleier über die Landschaft, und vor uns lag der schwerste Teil unserer Reise: der Versuch, den Fluss zu überqueren.

Wir standen am Ufer, unsicher, was als Nächstes geschehen würde. Der Fluss war tief, so tief, dass das Wasser bis zu unseren Knien reichte – manchmal sogar bis zum Bauch. Der kalte Wind pfiff uns ins Gesicht, und das Wasser selbst war eisig, als ob es uns zurückhalten wollte. Doch wir hatten keine Wahl. Der Fluss war die einzige Möglichkeit, die Grenze zu überqueren. Wir konnten nur hoffen, dass wir die Strömung meistern und nicht von den kalten Wellen erfasst werden würden.

Es war ein kraftaufreibender Moment. Wir kämpften uns durch das kalte Wasser, das gegen unsere Beine schlug und uns immer wieder von der richtigen Richtung abbrachte. Die Strömung war stärker als erwartet, und die Gefahr, von ihr fortgerissen zu werden, war real. Aber wir wussten, dass wir nur dann einen Schritt weiterkommen würden, wenn wir uns dieser Herausforderung stellten. Die Angst, die uns alle begleitete, wurde mit jedem Schritt größer – aber sie wurde auch von einer unerschütterlichen Entschlossenheit begleitet. Wir hatten zu viel durchgemacht, als dass wir jetzt aufgeben würden.

Die anderen, die mit uns reisten, waren ebenso erschöpft und verängstigt. Einige hielten sich aneinander fest, um sich gegenseitig zu stützen, während andere stumm den Fluss durchquerten, die Gesichter vom kalten Wasser gezeichnet. Unsere Füße gruben sich in den Schlamm, während wir weitergingen, versuchten, uns vor der Strömung zu schützen und nicht die Kontrolle zu verlieren. Die Kälte schnitt durch unsere Kleidung, doch jeder Schritt vorwärts brachte uns dem Ufer näher – und damit dem sicheren Teil unserer Reise.

Es war ein Moment des völligen Ausgeliefertseins – die Strömung des Flusses war nicht nur ein physisches

Hindernis, sondern symbolisierte auch die vielen anderen Herausforderungen, die uns auf unserer Reise begegnet waren. Wir waren den Gefahren ausgeliefert, genauso wie wir immer wieder den Wellen der Ungewissheit ausgesetzt waren. Aber wir mussten weiterkämpfen. Wir mussten diese Grenze überschreiten, um zu überleben und die Hoffnung auf ein besseres Leben zu wahren.

Endlich, nach endlos erscheinenden Minuten, erreichten wir das andere Ufer. Der Boden war rutschig, und es dauerte eine Weile, bis wir unser Gleichgewicht fanden, aber der Moment, als wir aus dem Wasser stiegen, war ein seltsamer Augenblick der Erleichterung. Wir hatten es geschafft – wir waren auf der anderen Seite, ohne entdeckt worden zu sein. Doch der Weg war noch lange nicht vorbei. Noch immer wussten wir, dass uns viele Gefahren bevorstanden. Es gab noch immer Polizei und Grenzkontrollen, die uns entdeckten und zurückschickten, wenn wir nicht vorsichtig genug waren.

Wir sahen uns nervös um. Der Fluss, der uns gerade noch über die Grenze geführt hatte, war jetzt hinter uns, aber der Blick auf das Land vor uns war ungewiss. Wir hatten keine Ahnung, was uns als Nächstes erwarten würde. Doch die Müdigkeit, die Kälte und der Kampf gegen den Fluss hatten uns nur eines gezeigt: Es gab kein Zurück mehr. Wir mussten weitergehen, weiter auf der Suche nach einem besseren Leben, weiter auf der Suche nach dem, was wir so lange vermisst hatten – Sicherheit.

Die Gefahr war nach wie vor gegenwärtig, aber der Triumph, diesen Abschnitt der Reise überstanden zu haben, gab uns neue Hoffnung. Die Strömung des Flusses war eine der letzten physischen Barrieren, die uns von unserem Ziel trennten, aber in unserem Inneren wussten wir, dass wir auch die anderen Herausforderungen überwinden konnten. Es gab noch viel zu tun, viele Hürden zu überwinden und viele Grenzen zu überqueren – doch dieser Moment, das Überwinden des Flusses, war für uns alle ein kleiner Sieg, ein Sieg gegen die Strömungen des Schicksals.

Nun, als wir das Land hinter dem Fluss betraten, fühlten wir uns nicht sicher, aber wir fühlten uns lebendig, entschlossener denn je. Ein weiterer Schritt war getan, aber der Weg war noch lang. Es gab noch immer viele Unsicherheiten, viele Fragen und noch mehr Grenzen, die wir überqueren mussten. Doch wir hatten uns durch den Fluss gekämpft, und das gab uns den Mut, weiterzumachen – Schritt für Schritt, gegen die Strömungen des Lebens.

Kapitel 29: Weiter auf der Flucht – Die Reise durch Rumänien

Der Boden unter unseren Füßen war weich und schlammig. Der Fluss begleitete uns wie ein düsterer Schatten, während wir uns vorsichtig und fast lautlos durch die Nacht bewegten. Jeder Schritt war schwer, unsere nassen Schuhe klebten im Matsch. Die Kälte biss sich durch unsere durchnässten Kleider. Doch wir durften nicht stehen bleiben, durften nicht aufgeben. Zu groß war die Gefahr, entdeckt zu werden.

Manchmal hörten wir in der Ferne Hunde bellen oder das entfernte Brummen von Motoren. Dann hielten wir sofort den Atem an und drückten uns in den kalten, nassen Boden. Jeder Herzschlag in unserer Brust fühlte sich an wie ein Donnerschlag in der stillen Dunkelheit.

Nach endlosen Stunden zu Fuß erreichten wir endlich ein altes, verlassenes Gebäude. Es sah aus, als wäre es schon seit Jahren vergessen worden: zerbrochene Fenster, eingestürzte Wände, das Dach halb eingefallen. Aber für uns war es in diesem Moment ein sicherer Hafen. Wir krochen hinein, suchten uns die dunkelsten Ecken und warteten dort still.

Wir wussten nicht, wie lange wir bleiben mussten. Vielleicht eine Stunde, vielleicht bis zum Morgen. Doch dann, irgendwann in der Nacht, kam das Signal: Ein Taxi hatte angehalten, nicht weit von unserem Versteck. Schnell, fast panisch, liefen wir auf leisen Sohlen zu dem Wagen und quetschten uns hinein.

Der Fahrer sprach kaum ein Wort. Er fuhr schnell und ohne Licht über die kleinen Straßen. Doch statt uns direkt in eine große Stadt Timişoara zu bringen, hielt er an einem kleinen, heruntergekommenen Einkaufszentrum. Es lag irgendwo mitten im Nichts – kein richtiger Ort, um lange zu bleiben. Aber wir hatten keine andere Wahl. Wir versteckten uns zwischen den Gebäuden, zitternd vor Kälte und Angst.

Die Minuten zogen sich wie Stunden. Immer wieder wechselten wir die Plätze, immer auf der Hut vor Polizisten oder neugierigen Passanten. Nach zwei endlos langen Stunden kam endlich das nächste Fahrzeug. Diesmal fuhren wir lange – fast zwei volle Stunden durch die Nacht, durch unbekannte Orte und leere Landstraßen.

Als das Auto schließlich stoppte, standen wir vor einem riesigen Supermarkt. Ein Ort, der wie ein Obi oder Kaufland aussah – sauber, hell, modern. Die Stadt um uns herum war erwacht: Menschen liefen geschäftig umher,

Autos hupten, der Alltag pulsierte. Inmitten dieser fremden Welt mischten wir uns unter die Menschen. Jeder von uns trug schwere Kleidung, Rucksäcke und eine Müdigkeit in den Augen, die wir zu verbergen versuchten.

Unser Führer zeigte auf ein kleines, leerstehendes Gebäude in der Nähe. Vielleicht war es früher ein Lager oder ein kleiner Laden gewesen. Jetzt war es unser neues Versteck. Drinnen war es kalt und staubig, aber es war ein Dach über dem Kopf. Endlich konnten wir uns für ein paar Stunden hinlegen und versuchen, ein wenig zu schlafen.

Es war etwa sieben Uhr morgens. Um die Mittagszeit, gegen zwölf, wachten wir langsam wieder auf. Der Hunger nagte an uns, die Kälte hatte sich tief in unsere Knochen gesetzt. In einem stillen Moment verließ ich unser Versteck und kaufte eine SIM-Karte in einem kleinen Kiosk. Ich hatte in Serbien ein billiges Handy besorgt, und jetzt konnte ich meiner Familie endlich ein Lebenszeichen senden.

Mit zitternden Händen schrieb ich meiner Mutter und meinem Onkel eine Nachricht: “Ich bin in Rumänien angekommen. Mir geht es gut.”
Es waren nur wenige Worte, aber sie bedeuteten alles – für sie und für mich.

Am Abend trafen wir uns mit einem neuen Kontaktmann. Er brachte uns zu einem versteckten Gebäude in der Nähe des Bahnhofs. Es war keine richtige Unterkunft – mehr ein verlassener Raum zwischen Lagerhallen. Doch wir konnten dort unsere Handys aufladen und uns etwas ausruhen.

Der Mann erklärte uns den nächsten Schritt: Wir sollten versuchen, in einen Autopark zu gelangen, wo viele Lastwagen standen. Diese Lastwagen würden nach Westeuropa fahren – unsere nächste Hoffnung auf ein neues Leben. Doch der Weg dorthin war gefährlich: Zuerst mit dem Zug, dann zu Fuß über dunkle Wege, immer in der Gefahr, entdeckt zu werden.

Ich sah in die Gesichter meiner Begleiter. Erschöpfung, Angst und Hoffnung lagen dicht beieinander. Keiner sprach viel. Jeder von uns wusste, dass die nächste Etappe die schwerste werden könnte.

Kapitel 30: Die letzte Etappe – Auf dem Weg nach Deutschland oder Österreich

Die Zeit verstrich quälend langsam. Jeder Tag fühlte sich an wie eine Ewigkeit, doch es war die Hoffnung, die uns aufrecht hielt – die Hoffnung, bald in Sicherheit zu sein, in Deutschland oder Österreich, an einem Ort, an dem wir ein neues Leben beginnen konnten. Die Strapazen der vergangenen Wochen und Monate hatten uns ausgelaugt, körperlich und seelisch. Doch wir wussten, dass wir durchhalten mussten.

Unsere Unterkunft war eine Ruine, ein verfallenes Gebäude ohne Schutz vor Wind und Kälte. Die Nächte waren am schlimmsten. Der Boden war hart, die dünnen Decken, in die wir uns einwickelten, boten kaum Wärme, und der eisige Wind pfiff durch zerbrochene Fenster. Schlaf war ein Luxus, den sich kaum jemand leisten konnte. Mein Körper war erschöpft, aber mein Geist ließ mich nicht ruhen. Meine Gedanken kreisten unaufhörlich um die nächste Etappe unserer Reise. War dies wirklich der letzte Abschnitt? Oder würde sich unser Leidensweg noch weiter hinziehen?

Die Begegnung mit dem Schlepper

Dann, an einem kalten Abend, trat er ein – der Mann, der uns helfen sollte. Seine Gestalt zeichnete sich in der Dunkelheit ab, sein Blick schweifte durch den Raum, bis er schließlich auf mir ruhte. Er sagte kein Wort, nur ein kurzes Nicken, eine knappe Geste, die mir bedeutete, ihm zu folgen.

Ich wusste nichts über ihn, kannte weder seinen Namen noch seine Vergangenheit. Aber in diesem Moment hatte ich keine Wahl. Ich musste ihm vertrauen, so wie ich auf dieser Reise bereits unzähligen Fremden vertrauen musste, obwohl ich wusste, dass jeder von ihnen seine eigenen Absichten verfolgte.

Wir verließen die Unterkunft und liefen durch die engen, dunklen Straßen. Jeder Schritt hallte in der gespenstischen Stille der Nacht wider. Mein Herz schlug schnell, meine Hände waren feucht vor Nervosität. Ich drehte mich immer wieder um, aus Angst, entdeckt zu werden. Doch der Mann ging mit einer Selbstverständlichkeit voran, als hätte er diesen Weg schon unzählige Male beschritten.

Nach einer Weile erreichten wir einen Bahnhof. Er lag still und verlassen vor uns, die meisten Lichter waren bereits erloschen. Es schien, als hätte die Zeit hier angehalten.

Der Mann hielt kurz inne, zog ein Ticket aus seiner Jackentasche und drückte es mir in die Hand.

“Steig ein und geh nicht von deinem Platz weg”, sagte er mit leiser, aber bestimmter Stimme.

Ich nickte. Es gab keine Fragen zu stellen, keine Alternativen zu erwägen. Ich nahm das Ticket und ging zum Bahnsteig, während mein Begleiter in der Dunkelheit verschwand.

Der Zug in eine ungewisse Zukunft

Als der Zug einfuhr, schlug mein Herz so laut, dass es in meinen Ohren dröhnte. Die Türen öffneten sich mit einem leisen Zischen, und ich trat ein. Der Waggon war nur spärlich besetzt. Ich suchte mir einen Platz in den hinteren Reihen, weit entfernt von den wenigen anderen Fahrgästen.

Ich spürte, wie die Anspannung in meinen Schultern saß, meine Hände umklammerten nervös das Ticket. Der Gedanke, dass ich entdeckt oder aufgehalten werden könnte, ließ mich nicht los. Doch als der Zug langsam in Bewegung setzte, konnte ich zum ersten Mal seit langem einen Moment durchatmen.

Das war es also. Der nächste große Schritt. Die letzte Etappe einer Reise voller Entbehrungen, Angst und Hoffnung.

Ich wusste nicht genau, wohin dieser Zug mich bringen würde. Ich wusste nur, dass ich ihn nicht verpassen durfte.

Kapitel 31: Der Erste Versuch – Der Weg nach Deutschland

Es war mitten in der Nacht, als ich den Autopark endlich erreichte. Der Bereich war nur schwach beleuchtet, und die Lkw-Fahrer standen mit ihren Lastwagen auf dem weiten Gelände, warteten auf ihren nächsten Auftrag. Der kalte Wind blies durch die Straßen, doch die Kälte war das geringste meiner Probleme. Die Angst, entdeckt zu werden, schnürte mir die Kehle zu. Ich wusste, dass dies der Moment war, auf den ich so lange gewartet hatte. Jeder Schritt, den ich tat, musste bedacht und leise sein. Mein Herz schlug schneller, als ich mich vorsichtig unter einen der Lastwagen bewegte, stets auf der Hut, dass mich niemand bemerkte.

Ich konnte kaum atmen, als ich schließlich in den Lkw stieg. Der Fahrer, ein älterer Mann mit einem rauen Gesicht, warf mir einen misstrauischen Blick zu. Aber nach einem Moment des Zögerns, nickte er, als ob er wusste, was ich von ihm wollte. „Komm rein“, sagte er mit einer tiefen, abgenutzten Stimme. Ich kletterte schnell in die Ladefläche des Lkw und ließ mich in das dunkle, enge Versteck sinken. Der Raum war beengt, und der Geruch von Öl und Diesel lag schwer in der Luft. Ich hielt mich so still wie möglich, das Herz klopfte mir bis zum Hals, während der Lkw langsam anrollte.

Die Stunden zogen sich endlos hin, der Lkw rollte ruhig durch die Nacht. Mein Kopf war voller Gedanken, doch ich versuchte, mich auf das Wesentliche zu konzentrieren: Wir mussten die Grenze passieren. Der Gedanke an die Polizei, die uns entdecken könnte, ließ mich immer wieder frösteln. Ich wusste, wie riskant dieser Weg war, aber er war unsere einzige Chance. Ich hatte keine andere Wahl, als zu vertrauen und weiterzumachen.

Die Dunkelheit war undurchdringlich, und der Lkw fuhr stetig auf der Landstraße weiter, als wir die Grenze zu Ungarn erreichten. Die Nervosität stieg ins Unermessliche. Ich konnte das Rattern der Reifen auf dem Asphalt hören, als der Lkw langsamer wurde und sich dem Grenzposten näherte. Es war der Moment, auf den wir alle gewartet hatten, und gleichzeitig war es der Moment, der uns alles kosten konnte. Ich hielt den Atem an, als der Lkw zum Halt kam. Wir hatten den Grenzposten erreicht.

Die Polizei stand bereits an der Kontrollstelle, überprüfte die Fahrzeuge und die Papiere der Fahrer. Meine Gedanken raste, und mein ganzer Körper war angespannt. Würden wir es schaffen, durchzukommen, oder würden wir entdeckt werden? Es gab keine Garantie, und ich wusste, dass jede Sekunde entscheidend war. Doch der Fahrer schien ruhig zu bleiben, als ob er die Grenze schon viele Male in der gleichen Weise überquert hatte. Doch für mich war es das erste Mal.

Kapitel 32: Der Rückschlag – Gefangenschaft und die Nacht im Gefängnis

Es dauerte nicht lange, bis die ungarischen Polizisten den Lkw stoppten. Ihre Taschenlampen durchbrachen die Dunkelheit wie scharfe Messer, und ich spürte, wie meine Angst immer stärker wurde. Das grelle Licht blendete mich für einen Moment, als die Beamten langsam auf uns zueilten. Ich konnte das Rasseln ihrer Stiefel auf dem Asphalt hören, das sich mit dem Geräusch der Reifen vermischte, als der Lkw zum Stillstand kam. In meinem Inneren wuchs die panische Erwartung, dass unser Versteck bald entdeckt werden würde.

Die Polizisten näherten sich dem Lkw, ohne ein Wort zu verlieren. Mit einer routinierten Handbewegung öffneten sie die Türen und begannen, den Lkw zu durchsuchen. Es war ein Moment der Ohnmacht. Ich konnte nur in der Dunkelheit verharren und hoffen, dass wir unbemerkt bleiben würden, aber es war vergebens. Sie fanden uns schnell – uns, die Flüchtlinge, die sich verzweifelt unter den Waren versteckt hatten. Wie Tiere in einem Käfig zogen sie uns aus dem Lkw, ohne Rücksicht auf unsere Angst oder den Schmerz, den wir ertrugen.

„Was macht ihr hier?“, rief einer der Polizisten. Doch wir konnten nur schweigen. Was sollten wir sagen? Wir hatten keine Papiere, keine Identität, nichts, was uns legitimierte. Wir waren illegal, Fremde ohne Land, ohne Rechte. Die Polizisten drückten uns brutal gegen die Wand, unsere Hände wurden auf den Rücken verdreht, und einer der Beamten begann, Fotos von uns zu machen, als wären wir Kriminelle. Das Gefühl der Erniedrigung war überwältigend.

Ohne ein weiteres Wort nahmen sie uns fest und führten uns in ein kleines, düsteres Gefängnis. Die Tür hinter uns fiel mit einem lauten, metallischen Knall ins Schloss. Wir saßen da, in einem Raum, der genauso kalt und leer war wie unsere Herzen. Keine Decken, keine Matratzen – nur der harte Boden und das Gefühl, ganz allein zu sein. Stundenlang saßen wir schweigend, das Gefühl der Verzweiflung immer schwerer auf unseren Schultern. Niemand erklärte uns, was als Nächstes passieren würde. Niemand sagte uns, wie lange wir hier bleiben müssten. Wir wussten nur, dass wir gefangen waren.

Es war eine lange Nacht. Die Dunkelheit war erdrückend, der Mangel an Nahrung und Wasser machte die Situation unerträglich. Mein Magen knurrte, und der Durst quälte mich, aber niemand brachte uns etwas zu essen oder zu trinken. Wir starrten uns an, ohne zu sprechen, jeder mit seinen eigenen Ängsten und Sorgen. Was würde mit uns passieren? Würden wir zurückgeschickt werden? Oder würden wir irgendwann eine Chance bekommen, weiterzureisen?

Am Abend des ersten Tages kamen schließlich die ungarischen Polizisten zurück, um uns zu den rumänischen Behörden zu überstellen. Es war kein Ende in Sicht, nur ein weiterer Schritt auf dieser endlosen Reise. Wir wussten, dass dies nicht das Ende war, dass der Weg weiterging, aber die Unsicherheit und die Hoffnungslosigkeit nagten an uns. Unsere Reise war weit entfernt davon, beendet zu sein. Und doch mussten wir weiter hoffen, weiter glauben, dass wir irgendwann die Freiheit erreichen würden.

Kapitel 33: Die Nacht im kleinen Raum – Die Begegnung mit der deutschen Frau

Nachdem wir nach Rumänien gebracht worden waren, landeten wir nicht in einem gewöhnlichen Raum. Stattdessen wurden wir in einen kleinen, fensterlosen Raum gesperrt, der mehr wie ein Kampfbereich wirkte. Die Wände waren kahl, und der Raum war so eng, dass wir kaum Platz hatten, uns zu bewegen. Die Luft war stickig, und wir waren in dieser beengten Umgebung mit einer Gruppe anderer Flüchtlinge eingesperrt.

Die Atmosphäre war angespannt und bedrohlich. Es war ein Ort, der an das Gefühl der Gefangenschaft erinnerte. Niemand sprach, aber jeder von uns war sich der Gefahr und Unsicherheit bewusst, die uns umgab. Der Raum fühlte sich wie ein Ort an, der für den Kampf geschaffen wurde – ein Kampf, den wir ohne Worte führten. Die Ungewissheit und der ständige Druck ließen uns nicht zur Ruhe kommen.

Die Stunden verstrichen quälend langsam. Hunger und Durst nagten an uns, und die ständige Angst vor dem Ungewissen hielt uns in einem Zustand der Erschöpfung. Aber in dieser dunklen Stunde trat eine Person in unser

Leben, die uns ein kleines Stück Hoffnung brachte. Am nächsten Morgen öffnete sich die Tür, und eine Frau trat ein. Sie sprach kein Rumänisch, aber sie sprach fließend Deutsch – und sie hatte eine beruhigende Ausstrahlung. Es war die erste Begegnung mit jemandem, der uns nicht wie Eindringlinge behandelte.

„Ich werde euch so gut helfen, wie ich kann", sagte sie mit einer sanften Stimme. Ihre Worte waren warm, aber es war klar, dass sie keine direkten Antworten auf unsere Fragen hatte. Sie konnte uns nicht sofort sagen, wie es weiterging, aber sie brachte uns etwas zu essen und versuchte, uns zu beruhigen.

Die Frau führte dann ein Interview mit mir, während die anderen still in der Ecke saßen und abwarteten. Sie sprach mit mir auf deutsch und englisch , und ich antwortete auf Englisch. Die Kommunikation war schwer, doch wir verstanden uns irgendwie. Sie stellte mir Fragen über meine Herkunft, über die Reise und über das, was wir durchgemacht hatten. Es war kein tiefes Gespräch, aber es fühlte sich wichtig an. Zum ersten Mal seit langer Zeit spürte ich, dass jemand unser Leid ernst nahm und uns nicht einfach als Zahl oder als Bedrohung betrachtete.

„Ich kann euch leider nicht viel versprechen", sagte sie, „aber ich werde alles tun, um euch zu helfen. Ihr dürft nicht aufgeben."

Mit diesen Worten gab sie mir eine kleine Karte. „Wenn du willst, kannst du nach draußen gehen, um etwas zu besorgen. Pass nur auf dich auf“, sagte sie und reichte mir auch etwas Geld. Diese einfache Geste war mehr als nur ein kleines Hilfsmittel – sie war ein Symbol der Hoffnung, das uns half, nicht in völliger Verzweiflung zu versinken.

Trotz all der Unsicherheit, die uns weiterhin umgab, gab mir diese Begegnung mit der deutschen Frau das Gefühl, dass es immer noch Menschen gab, die an uns glaubten. Ich nahm die Karte, fühlte mich leicht ermutigt, doch ich wusste, dass der Weg, der vor mir lag, voller weiterer Unsicherheiten und Herausforderungen war.

Aber eines war sicher: Ich durfte nicht aufgeben, auch wenn der Weg weiter unklar war.

Kapitel 34: Der zweite Versuch – Weiter Richtung Westen

Die Zeit im Camp zog sich endlos hin. Jeder Tag fühlte sich wie eine verlorene Gelegenheit an. Ich konnte nicht bleiben – nicht, solange mein Ziel noch in weiter Ferne lag und die Ungewissheit, ob ich je eine echte Chance bekommen würde, mich nicht losließ. Die Angst, im Stillstand gefangen zu sein, wuchs mit jedem Tag, der verstrich.

Am 22. Februar stand ich schließlich wieder an einem Wendepunkt. Diesmal war ich entschlossener, meine Reise fortzusetzen. Ich hatte mehr Wissen, mehr Erfahrung und – dank der deutschen Frau – sogar ein kleines Stück Geld, das mir die nötige Freiheit verschaffte, einen weiteren Schritt zu wagen. Es war nicht viel, aber es reichte, um den nächsten Versuch zu starten.

In den frühen Morgenstunden verließ ich das Camp. Die Straßen waren noch ruhig, die Stadt schien in den ersten Stunden des Tages in einen friedlichen, beinahe unwirklichen Schlaf versunken. Mein Ziel war klar: Der Park, an dem die Lkw-Fahrer auf ihre Fahrten nach Westen warteten, war der einzige Ort, der mir noch eine Chance bot. Hier, unter den schattigen Ästen der Bäume und dem dröhnenden Klang der Lastwagen, würde sich eine Möglichkeit auftun.

Die Stunden verstrichen langsam. Ich ging von einem Lkw zum anderen, beobachtete die Fahrer, studierte ihre Gesichter. Einige schauten mich nur flüchtig an, andere schienen in Gedanken versunken. Es war klar, dass ich vorsichtig sein musste, nicht einfach auf jeden zuzugehen. Eine falsche Bewegung könnte alles zunichte machen – die Polizei war überall, und ich durfte nicht wieder in den Fängen des Systems landen.

Nach einer Weile erhaschte ich einen Blick auf eine Gruppe von Männern, die sich um einen großen Lkw versammelt hatten. Sie sprachen miteinander, lachten, doch ich konnte nicht ergründen, wohin ihre Reise ging. Ich wollte näher herantreten, doch plötzlich bemerkte ich einen Mann in Uniform, der mich mit scharfem Blick musterte. Mein Herz setzte einen Schlag aus.

„Was machst du hier?" fragte er, seine Stimme klang streng.

Mein Instinkt sagte mir, dass ich keine Zeit zu verlieren hatte. Ohne nachzudenken, drehte ich mich hastig um und ging in die entgegengesetzte Richtung. Doch der Mann folgte mir, seine Schritte wurden schneller. In meinem Kopf spielten sich die schlimmsten Szenarien ab. Würde er die Polizei rufen? Würde ich wieder in Handschellen landen? Die Gedanken rasten.

Gerade als ich zu fliehen versuchte, hörte ich laute Stimmen hinter mir. Andere Flüchtlinge hatten sich ebenfalls in der Nähe der Lkw versteckt und versucht, nicht aufzufallen. Der Sicherheitsmann rief ihnen etwas zu, und ich nutzte den Moment der Ablenkung, um mich so unauffällig wie möglich in den Randbereich des Parks zu ducken, wo Bäume und Büsche eine kleine Deckung boten. Ich blieb regungslos, den Atem angehalten, bis die Situation sich etwas beruhigte.

Die Minuten schlichen dahin. Als es wieder still wurde, wagte ich es, mich vorsichtig zurückzubewegen. Mein Herz klopfte, der Adrenalinschub jagte durch meinen Körper. Der Moment war gekommen – ich musste es jetzt versuchen. Ich schlich mich an einen Lkw, dessen Fahrer für einen Moment nicht in der Nähe war, und kletterte leise auf die Ladefläche.

Das Geräusch der Lkw-Tür, die sich hinter mir schloss, war das einzige, was ich hörte. Ein Moment der Stille, als das Fahrzeug sich in Bewegung setzte. Die Welt draußen verschwamm, und ich konnte nur noch das Pochen meines Herzens hören. Wohin die Reise gehen würde, wusste ich nicht. Aber was ich wusste, war, dass ich auf dem Weg war – und dass es jetzt keinen Weg zurück gab.

Kapitel 35: Die Nacht im Park – Ein weiterer Rückschlag

Die Nacht im Park war eiskalt und drückend. Der Wind pfiff durch die kahlen Äste der Bäume und ließ die Blätter in einem ständigen Rauschen tanzen. Ich lag unter einem dichten Busch, zog meine Jacke fester um mich und versuchte, mich so gut es ging vor der Kälte und der wachsenden Angst zu schützen. Jeder Atemzug schien die Kälte nur noch intensiver zu machen, während die Dunkelheit mich in ihren kalten Griff nahm.

Wir waren nicht allein. Der Park war ein Zufluchtsort für viele andere Flüchtlinge, die sich ebenfalls im Schatten der Bäume versteckten. Manche saßen zusammen und flüsterten leise miteinander, andere lagen regungslos auf dem Boden, versuchten zu schlafen oder wenigstens die Minuten verstreichen zu lassen. Doch keiner von uns konnte wirklich zur Ruhe kommen. Die Angst vor der Entdeckung, die Sorge um die Zukunft – all das ließ uns keine Ruhe finden.

Unsere einzige Hoffnung war, dass sich irgendwann eine Gelegenheit bieten würde. Ein Lkw-Fahrer, der bereit wäre, uns mitzunehmen. Ein Moment, in dem wir unbemerkt an den Sicherheitskräften vorbeischlüpfen könnten. Doch je länger die Nacht dauerte, desto klarer wurde es: Diese Nacht würde keine Chance für uns bereithalten.

Einmal, mitten in der Dunkelheit, hörten wir das Brummen eines Lkw, der langsam über den Parkplatz rollte. Für einen kurzen Moment verflog die Anspannung, mein Herz schlug schneller – war dies unser Moment? Doch bevor wir uns auch nur rühren konnten, tauchten die Sicherheitskräfte auf. Ihre Taschenlampen durchbrachen die Dunkelheit, ihre Schritte hallten durch den Park. Sie patrouillierten, suchten jede Ecke ab, achteten auf jede verdächtige Bewegung.

Einer der Polizisten rief etwas auf Rumänisch. Wir konnten die Worte nicht ganz verstehen, aber die Bedeutung war eindeutig: „Hier gibt es heute keine Flucht."

Wir drückten uns tiefer in unsere Verstecke, verharrten still und hofften, nicht entdeckt zu werden. Keiner von uns wagte es, sich zu bewegen. Jeder Atemzug schien zu laut, jeder Herzschlag dröhnte in meinen Ohren.

Mit der Zeit wurde mir klar, dass diese Nacht, wie schon viele zuvor, nicht unser Durchbruch sein würde. Der Park war zu unsicher, zu gut überwacht. Unsere Hoffnungen, hier einen sicheren Lkw zu finden, begannen langsam zu verblassen. Die Dunkelheit war nicht nur äußerlich, sie hatte sich auch in unsere Herzen geschlichen.

Stunden verstrichen, bis schließlich die ersten schwachen Sonnenstrahlen durch die Äste brachen. Das Licht, das den Park in sanftes Gold tauchte, brachte eine neue Erkenntnis mit sich: Diese Nacht war ein weiterer gescheiterter Versuch. Ein weiterer Rückschlag in einer langen Reihe von Rückschlägen.

Aber aufgeben? Nein. Das war keine Option. Zu viele Male hatte ich mich aufgerafft, um hier jetzt zu kapitulieren. Wir mussten weitermachen. Mussten weiter nach einem Weg suchen, nach einer Chance, nach einer Möglichkeit, die uns vorwärts brachte. Denn irgendwo da draußen lag noch immer unser Ziel – und wir würden es erreichen. Irgendwann. Irgendwie.

Kapitel 36: Der dritte Versuch – Der Weg nach Deutschland

Der 23. Februar war kalt und still. Unter einer abgelegenen Brücke hatten wir uns versteckt – sechs von uns, eng zusammengekauert, in der Hoffnung, diesmal würde es klappen. Die Stunden krochen vorbei. Jeder Schatten ließ unser Herz schneller schlagen, jedes entfernte Motorengeräusch ließ uns aufhorchen.

Gegen Mitternacht hörten wir endlich das vertraute Brummen eines LKWs. Ein schwerer Lastwagen rollte langsam in unsere Nähe und hielt an. Kurz darauf stieg ein Mann aus. Er rauchte eine Zigarette, sah sich um, stieg dann wieder ein.
Das war unser Moment.

Unser Schlepper hatte es organisiert: Wir sollten uns heimlich in den LKW schleichen – ohne dass der Fahrer etwas merkte. Er wusste nichts von uns. Und wir wussten auch nicht, wohin seine Reise gehen würde. Vielleicht nach Deutschland, vielleicht woanders hin. Alles war ungewiss. Aber wir hatten keine andere Wahl.

Vorsichtig, einer nach dem anderen, kletterten wir zwischen die Ladung – schwere Stahlteile, Maschinen und Kisten. Wir versteckten uns tief zwischen den

Metallstapeln, eingeklemmt, doch mit genug Raum, um uns nicht zu ersticken. Das Herz pochte uns bis zum Hals. Es gab keinen Weg zurück.

Die Fahrt beginnt

Gegen acht Uhr morgens setzte sich der LKW endlich in Bewegung. Das Dröhnen des Motors wurde zu unserem ständigen Begleiter. Wir lagen regungslos da, die Kälte biss sich durch unsere Kleidung, und die Angst, entdeckt zu werden, lastete schwer auf uns.

Stunden vergingen. Manchmal spürten wir, wie der LKW langsamer wurde – vielleicht eine Kontrolle? Vielleicht eine Grenze? Wir hielten den Atem an. Doch der Laster fuhr immer weiter.

Zuerst ging die Fahrt durch Ungarn. Wir spürten die Stopps an der Grenze, hörten Stimmen, Geräusche von Fahrzeugen und Grenzbeamten. Aber niemand öffnete den Laderaum. Es schien, als ob der Fahrer genau wusste, welche Routen weniger streng kontrolliert wurden. Oder vielleicht hatte er einfach Glück.

Grenzen und Unsicherheit

Nach Ungarn führte die Fahrt weiter über die Grenze in die Slowakei. Wieder stockte unser Atem, als der LKW anhielt. Stimmen, Schritte, Hundegebell – doch der LKW setzte seine Reise fort.

Wir lagen eng aneinandergepresst, spürten jede Bewegung des Fahrzeugs, jedes Schlagloch, jede Bodenwelle. Niemand sprach ein Wort. Unsere Gedanken waren bei unseren Familien, bei der Heimat – und bei der Angst, dass jeden Moment alles vorbei sein könnte.

Tschechien – Ein Hoffnungsschimmer

Schließlich rollten wir in die Tschechische Republik ein. Als ich durch eine kleine Ritze in der Plane blinzelte, sah ich ein Schild mit der Aufschrift „Praha". Prag.
Wir hatten es also bis hierher geschafft. Noch immer wusste niemand von uns, ob unser Ziel Deutschland war – aber der Traum rückte näher.

Die Kälte in der Nacht war unerträglich. Unsere Finger waren taub, unser Körper steif. Aber innerlich flackerte wieder Hoffnung auf: Wir waren so weit gekommen – vielleicht war es diesmal wirklich möglich.

Der Weg geht weiter

Wir wagten es nicht zu feiern. Noch waren wir nicht sicher. Jede Grenze war ein Risiko. Jeder Halt konnte unser Ende bedeuten. Aber wir hielten durch.

Keiner von uns schlief. Nur leises Atmen, langes, stilles Warten.

Deutschland lag irgendwo vor uns, hinter dieser endlosen Kälte, dieser Dunkelheit, dieser Angst. Und diesmal, so hofften wir, würde uns nichts aufhalten.

Kapitel 37: Der Zwischenstopp – Warten und Hoffen

Die Fahrt hatte sich endlos angefühlt. Sechzehn Stunden lagen bereits hinter uns, zusammengekauert in der Dunkelheit des LKWs, eingeklemmt zwischen Stahlteilen und Maschinen. Unsere Glieder waren steif, unsere Lippen spröde von der Kälte und dem Durst. Jeder Moment war ein Kampf gegen die Angst und die Erschöpfung.

Irgendwann, nach einer gefühlten Ewigkeit auf der Straße, spürten wir, wie der LKW langsamer wurde. Der Motor brummte noch einige Zeit im Leerlauf, bevor der Wagen ganz zum Stehen kam. Wir wagten kaum zu atmen. War es eine Grenze? War es eine Kontrolle?
Doch nichts geschah.

Durch kleine Ritzen in der Plane konnten wir schemenhaft die Umgebung erkennen. Es war dunkel, doch in der Ferne

flimmerten die Lichter einer Stadt. Zwischen den Stahlteilen konnte ich verschwommene Umrisse von Gebäuden sehen – große, fremdartige Fassaden, die sich gegen den Nachthimmel abzeichneten. Irgendwann erspähte ich ein Schild: Prag.
Wir waren in Tschechien angekommen.

Doch warum standen wir hier? Warum bewegte sich der LKW nicht mehr?

Warten ohne Ende

Die Stunden vergingen. Es wurde kälter. Der LKW blieb einfach stehen, irgendwo auf einem abgelegenen Parkplatz am Stadtrand von Prag. Wir spürten, dass der Fahrer sich in seiner Kabine ausruhte.
Ob er schlief, telefonierte oder einfach wartete – wir wussten es nicht. Aber eines war sicher: Er hatte keine Ahnung, dass wir im Laderaum versteckt waren. Kein Wort drang von ihm zu uns, keine Anweisung, keine Erklärung.

Wir lagen da, völlig reglos, um nicht die geringste Aufmerksamkeit zu erregen. Unsere Körper schmerzten vom langen Liegen auf dem harten Boden, unsere Muskeln waren starr vor Kälte. Jede Stunde schien doppelt so lang.

Manchmal hörten wir entfernte Sirenen oder das Rauschen von vorbeifahrenden Autos. Das Licht von Laternen sickerte schwach durch die Lücken im Planenstoff. Jeder kleine Laut ließ uns zusammenzucken.

Immer wieder fragte ich mich: Warum stehen wir hier so lange?
Es war doch keine Grenze in der Nähe. War der Fahrer einfach müde? Wartete er auf einen neuen Auftrag? Oder gab es ein Problem, von dem wir nichts wussten?

Kälte, Hunger, Hoffnung

Der Hunger nagte an uns. Das Wasser, das wir bei uns hatten, war längst aufgebraucht, und die Decken boten kaum Schutz vor der eisigen Nachtluft, die durch jede Ritze kroch. Unsere Finger wurden taub, unsere Beine schmerzten.

Doch schlimmer als der körperliche Schmerz war die Ungewissheit. Würde der Fahrer bald weiterfahren? Oder würden wir entdeckt werden, bevor wir unser Ziel erreichten?
Manchmal flackerte für einen Moment Hoffnung auf, wenn der LKW kurz vibrierte oder der Fahrer draußen Schritte machte. Doch dann kehrte wieder Stille ein, und wir blieben zurück in unserer Unsicherheit.

Gedanken an die Heimat

In dieser endlosen Wartezeit kreisten meine Gedanken immer wieder um das, was wir zurückgelassen hatten. Die Familie, die Heimat, die Freunde. Ich stellte mir vor, wie sie uns jetzt suchten oder auf ein Lebenszeichen hofften.
Und ich fragte mich, ob sich all diese Qualen lohnen würden. Ob wir wirklich ein besseres Leben finden würden, oder ob wir am Ende nur weitere Narben davontragen würden.

Doch Aufgeben war keine Option. Wir hatten zu viel riskiert, um jetzt zu zweifeln.

Das Warten endet

Erst als der Himmel im Osten langsam heller wurde und die ersten Anzeichen von Morgen dämmerte, hörten wir erneut das Brummen des Motors.
Der LKW setzte sich langsam wieder in Bewegung.
Unsere Körper waren so steif, dass selbst kleine Erschütterungen schmerzten. Doch in unseren Herzen wuchs neue Hoffnung: Vielleicht war dies endlich der letzte Abschnitt der Reise.

Der LKW rollte durch die morgendlichen Straßen Prags, hinaus aus der Stadt, Richtung Grenze.

Wohin genau – das wussten wir nicht.
Aber eines wussten wir:
Wir würden nicht aufgeben, solange noch ein Funken Hoffnung in uns brannte. Wir waren in Deutschland angekommen.

Kapitel 38: Ankunft in Deutschland – Eine neue Hoffnung

Der 25. Februar war ein Tag, den ich niemals vergessen werde. Nach sieben Monaten voller Angst, Flucht, Kälte und unzähliger Rückschläge hatten wir endlich unser Ziel erreicht: Deutschland. Der Moment, in dem der LKW zum Stehen kam und wir durch kleine Ritzen in der Plane die Landschaft sahen, war unfassbar. Endlich. Wir waren da.

Der Lastwagen stand auf einem Parkplatz, der den Namen Habichtsfang trug. In der Nähe lag ein kleines Dorf namens Vollersroda – irgendwo in Thüringen, in der Nähe von Weimar. Der Fahrer wusste nichts von unserer Anwesenheit. Er hatte einfach hier geparkt, vielleicht um zu schlafen, vielleicht weil seine Fahrt für diesen Tag endete. Wir konnten es kaum glauben: Keine Grenze mehr, keine Kontrollen – wir waren tatsächlich in Deutschland.

Verzweiflung auf dem Parkplatz

Aber wir saßen weiterhin im LKW fest. Der Fahrer hatte uns nicht bemerkt, und wir konnten nicht einfach so aussteigen. Wir waren gefangen in diesem Laderaum, in einem fremden Land, wenige Schritte von der Freiheit entfernt – und doch unerreichbar.

Wir riefen und klopften von innen, baten den Fahrer auf Englisch und mit Gesten, die Tür zu öffnen. Doch er hatte Angst. Angst, dass er entdeckt werden könnte, dass er für uns verantwortlich gemacht würde. Angst vor der Polizei.

Also blieb die Tür verschlossen.

Nach langem Warten nahm einer unserer Freunde all seinen Mut zusammen. Er fand eine kleine Schwachstelle an der Tür, ein kleines beschädigtes Stück Metall, und begann, daran zu arbeiten. Schließlich, nach mehreren Minuten, gelang es ihm, ein kleines Loch zu schaffen – groß genug, um seine Hand hindurchzuschieben. Er erreichte den Türmechanismus und konnte schließlich die Verriegelung lösen.

Die Tür ging auf. Freiheit.

Die ersten Schritte in Deutschland

Wir stiegen schnell aus dem LKW, blinzelten gegen das Licht und atmeten die kalte Morgenluft tief ein. Wir waren frei – wirklich frei.

Gleich in der Nähe des Parkplatzes entdeckten wir eine öffentliche Toilette. Nach zwei langen Tagen ohne Wasser und Hygiene war der erste Gang dorthin ein unglaubliches

Gefühl. Wir wuschen uns Hände und Gesicht, tranken Wasser, so viel wir konnten, und spürten endlich wieder Leben in unseren Körpern.

Doch wir wussten auch: Wir konnten nicht lange bleiben. Der LKW-Fahrer hatte uns ignoriert, aber wenn jemand anders uns sah, könnte die Polizei schnell alarmiert werden. Also beschlossen wir, uns auf den Weg in das nahegelegene Dorf Vollersroda zu machen.

Mit Google Maps in eine unbekannte Welt

Wir hatten ein kleines Handy dabei. Über Google Maps sahen wir, wo wir uns befanden und wie wir zu einer größeren Stadt gelangen konnten. Unser Ziel war es, möglichst unauffällig von hier wegzukommen.

Im Dorf angekommen, baten wir Einheimische um Wasser. Einige waren misstrauisch, andere gaben uns freundlich etwas zu trinken. Wir waren sechs Personen: fünf Freunde und ich.
Weil ich besser Englisch sprach als die anderen, übernahm ich meistens das Reden.

Wir suchten nach einer Möglichkeit, in die nächste größere Stadt zu gelangen. Schließlich trafen wir einen Busfahrer, der bereit war, uns mitzunehmen. Er erklärte, dass er uns nach Weimar bringen könnte – eine Stadt, nicht weit von hier. Dankbar nahmen wir sein Angebot an.

Aufbruch nach Weimar – Abschied und neue Wege

In Weimar angekommen, atmeten wir erneut tief durch. Es war ein komisches Gefühl, plötzlich inmitten einer friedlichen, geordneten Stadt zu stehen. Keine Grenzsoldaten, keine schreienden Stimmen, kein Misstrauen – nur normale Menschen, die ihrem Alltag nachgingen.

Wir setzten uns auf eine Bank und aßen das Wenige, was wir dabei hatten. Nach kurzer Zeit entschieden einige meiner Freunde, weiterzureisen. Zwei oder drei von ihnen planten, nach Norwegen zu fahren. Sie verabschiedeten sich von uns, und wir wünschten uns gegenseitig Glück. Ein anderer blieb in Weimar.

Ich aber hatte einen anderen Plan.

Die Entscheidung: Weiter Richtung Frankfurt

Ein Freund schlug vor, dass wir nach Frankfurt fahren könnten. Ich wusste zu diesem Zeitpunkt nicht einmal genau, wo Frankfurt lag oder wie groß die Stadt war – ich hatte nur vage Vorstellungen. Aber ich vertraute darauf, dass wir gemeinsam einen Weg finden würden.

Von Weimar aus fuhren wir nach Erfurt, der nächsten größeren Stadt.
Dort am Bahnhof sahen wir viele Polizisten und merkwürdige Leute, die Stress machten. Das beunruhigte uns. Da wir immer noch Angst hatten, entdeckt oder verhaftet zu werden, versteckten wir uns erstmal in der Nähe des Bahnhofs und warteten, bis sich die Lage beruhigte.

Später stiegen wir in einen Zug Richtung Frankfurt.

Ankunft in Frankfurt – Erste Hilfe

Frankfurt war riesig, ganz anders als alles, was ich bisher gesehen hatte. Menschenmassen, hohe Gebäude, hektisches Leben. Inmitten dieser fremden Welt trafen wir auf einen Afghanen, den ich von früher kannte.
Er erkannte mich sofort und bot uns an, bei ihm zu übernachten.

Er gab uns zu essen, ließ uns duschen und ausruhen. Zum ersten Mal seit langer Zeit konnte ich wieder richtig schlafen, in einem warmen, sicheren Raum. Keine Angst mehr vor der nächsten Nacht, keine Sorge vor der nächsten Grenze.

Eine Nachricht verändert alles

Am 26. Februar bekam ich eine Nachricht auf mein Handy. Ein alter Freund aus Afghanistan, den ich seit zehn Jahren nicht gesehen hatte, meldete sich. Er lebte inzwischen in Hildesheim, einer Stadt in Niedersachsen, und bot mir an, bei ihm zu wohnen.
Es war, als würde sich ein neuer Weg für mich öffnen.

Weiterreise nach Hildesheim

Am Morgen des 27. Februars verabschiedete ich mich von meinem Bekannten in Frankfurt. Ich kaufte ein Ticket für den ICE nach Hannover und setzte mich in den Zug.

Während der Fahrt schaute ich aus dem Fenster und ließ die letzten Monate an mir vorbeiziehen: die Flucht aus Afghanistan, die Nächte in der Kälte, die Angst, die Hoffnung, die kleinen Siege auf dem langen Weg nach Europa.

In Hannover angekommen, wartete mein Freund am Bahnhof. Als wir uns sahen, war es, als wären die zehn Jahre dazwischen nie vergangen.
Wir umarmten uns lange und fuhren gemeinsam nach Hildesheim.

Ein neuer Anfang

In Hildesheim angekommen, konnte ich endlich zur Ruhe kommen. Ich hatte einen sicheren Platz zum Schlafen, zu essen und mich zu waschen. Es war der Anfang eines neuen Lebens.

Mein Weg war noch lange nicht zu Ende. Aber ich hatte es bis hierher geschafft.
Und das war mehr, als ich mir an vielen dunklen Tagen je zu hoffen gewagt hatte.

Kapitel 39: Der Asylantrag – Ein neuer Anfang

Am 28. Februar, in Hildesheim, stellte ich schließlich meinen Asylantrag beim Jugendamt. Es war ein Schritt, den ich lange erwartet hatte, doch als der Moment kam, fühlte er sich gleichzeitig fremd und gleichzeitig befreiend an. Es war der Beginn eines neuen Kapitels in meinem Leben. Nach all den Schwierigkeiten und Entbehrungen der letzten Monate – von der Flucht über die zahlreichen Grenzüberschreitungen bis hin zu den vielen Nächten im

Mein erster Asylbescheid – abgelehnt. Es war ein harter Schlag nach einer langen Flucht. Dieses Schreiben steht sinnbildlich für die Unsicherheit und Angst, die viele Geflüchtete nach ihrer Ankunft in Europa erleben.

Verborgenen – hatte ich nun die Chance, in einem Land zu leben, das mir Sicherheit bieten konnte.

Der Antrag war mehr als nur ein formeller Schritt. Es war der symbolische Beginn eines neuen Lebens. Endlich hatte ich das Gefühl, dass sich all die Mühen und die langen, beschwerlichen Tage auf dieser Reise, die ich mit unermüdlichem Durchhaltevermögen gemeistert hatte, ausgezahlt hatten. Es war, als ob ich das Ziel erreicht hatte – zumindest den ersten Teil des Weges. Doch ich wusste, dass noch viele Hürden vor mir lagen.

Die Bürokratie in Deutschland war umfassend, und der Prozess, Asyl zu erhalten, war komplex. Es gab Formulare auszufüllen, Interviews zu führen und Informationen bereitzustellen, die ich nicht immer hatte. Doch im Vergleich zu den Gefahren, denen ich auf meiner Reise begegnet war, erschien der bürokratische Weg fast wie eine Erleichterung. Denn hier, in Deutschland, fühlte ich mich sicherer. Die kalten Nächte, die ständigen Bedrohungen durch Grenzpatrouillen und die Unsicherheit über meine Zukunft schienen nun weit entfernt.

Ich war nicht mehr ein Schatten, der durch Europa zog. Ich war nicht mehr auf der Flucht. Ich hatte die Chance, in einem Land zu leben, das mir einen neuen Anfang bieten konnte. Doch ich wusste auch, dass dieser Weg nicht einfach werden würde. Der Asylantrag war nur der erste

Schritt. Es gab noch viele Unsicherheiten: Würde mein Antrag genehmigt? Wie würde mein Leben hier weitergehen? Was für Herausforderungen würde ich als Flüchtling noch überwinden müssen?

Dennoch war ich entschlossen. Ich hatte bereits so viele Hindernisse überwunden, und dieser Moment fühlte sich wie der erste Schritt in eine Zukunft an, die nicht mehr von Angst und Unsicherheit geprägt war. Ich wusste, dass ich nicht alleine war. Auch andere Flüchtlinge, die dieselbe Reise gemacht hatten, waren an diesem Punkt angekommen. Wir waren gemeinsam in einem Land, das uns eine Perspektive bot.

Deutschland war für mich nicht nur das Ende meiner Flucht. Es war der Ort, an dem ich endlich die Chance hatte, meine Geschichte neu zu schreiben. Doch ich wusste, dass ich nicht nur für mich selbst hoffte. Diese Geschichte, mein Weg, war für viele andere Menschen ein Spiegel. Denn der Weg von Flüchtlingen nach Europa, nach Deutschland, nach einem neuen Leben, ist nicht nur eine europäische Geschichte. Es ist eine weltweite Geschichte.

Viele Menschen, die aus anderen Teilen der Welt kommen, sind auf ähnliche Reisen gegangen – über das Mittelmeer, durch die Wüste, entlang gefährlicher Routen in die westliche Welt. Für sie ist der Weg nicht nur nach

Deutschland der einzige, der eine Zukunft verspricht, sondern auch Länder wie Großbritannien, die USA, Kanada oder Frankreich. Überall auf der Welt haben Menschen wie ich nach Sicherheit und einem neuen Leben gesucht, und ihre Geschichten ähneln sich. Sie erzählen von Hoffnung, Angst, Mut und dem Traum, in einem sicheren Land ein neues Zuhause zu finden.

Die Herausforderungen, denen wir uns stellen, sind nicht nur geografisch. In jedem Land, in das wir fliehen, gibt es bürokratische Hürden, gesellschaftliche Barrieren und kulturelle Herausforderungen. Aber der Traum, ein neues Leben zu beginnen, vereint uns.

Ich wusste, dass dieser Weg, der mich nach Deutschland geführt hatte, nur der Anfang war. Was auch immer in der Zukunft lag, es war ein Schritt hin zu einem Leben, das ich mir selbst erschaffen konnte – nicht mehr als Flüchtling, sondern als Mensch, der eine neue Chance erhielt. Und in einer Welt, die oft von Unsicherheit geprägt ist, war das für mich der größte Gewinn.

Kapitel 40: Warum Deutschland? Warum nicht woanders?

Auf meiner langen Reise nach Europa hätte ich in vielen Ländern bleiben können – in Frankreich, Belgien, den Niederlanden oder sogar Großbritannien. Aber ich bin in Deutschland angekommen. Warum? Diese Frage habe ich mir oft gestellt. Warum nicht woanders? Warum ausgerechnet hier?

Schon in Afghanistan hatte ich von Deutschland gehört. Ich hatte deutsche Soldaten gesehen, die dort im Einsatz waren. Ich wusste, dass Deutschland ein starkes Land ist, ein Land, das viele Flüchtlinge aufnimmt und in dem es Möglichkeiten gibt, sich ein neues Leben aufzubauen. Ich wusste, dass Deutschland eine Geschichte hat, die von Veränderungen, von Wiederaufbau und von der Kraft des Zusammenhalts geprägt ist. Vielleicht war es Schicksal, vielleicht Zufall – aber Deutschland war das Ziel, das mir am nächsten lag.

Auf dem Weg hierher habe ich oft deutsche Organisationen gesehen, die Flüchtlingen geholfen haben. Ich habe deutsche Freiwillige getroffen, die Essen und

Wasser verteilt haben. Und als ich schließlich in Deutschland ankam, habe ich gemerkt, dass die Menschen hier nicht nur helfen, sondern auch wirklich verstehen wollen.

Natürlich gibt es auch Herausforderungen. Es gibt Vorurteile gegenüber Flüchtlingen, Ängste und Unsicherheiten. Wenn irgendwo ein Anschlag passiert, spüren viele Muslime den Druck – selbst wenn sie nichts damit zu tun haben. Manche Menschen denken, dass alle Flüchtlinge Probleme machen oder dass jeder, der aus einem bestimmten Land kommt, gefährlich sein könnte. Aber so ist es nicht. Ein einzelner Mensch kann nicht für die Fehler anderer verantwortlich gemacht werden.

Ich bin nicht nach Deutschland gekommen, um Hilfe zu bekommen und dann einfach weiterzugehen. Nein, ich bin hier, weil ich bleiben und etwas aufbauen will. Ich möchte Teil dieser Gesellschaft sein, arbeiten, lernen und zeigen, dass Integration funktioniert.

Aber eines ist mir besonders wichtig: Hilfe zu bekommen bedeutet nicht, für immer abhängig zu bleiben. Viele denken vielleicht, dass Flüchtlinge nur nehmen und nie etwas zurückgeben. Aber für mich war von Anfang an klar: Wenn ich Hilfe bekomme, dann ist es meine Verantwortung, später auch anderen zu helfen – egal, woher sie kommen, welche Sprache sie sprechen oder welche Religion sie haben. Menschlichkeit kennt keine Grenzen.

Ich will nicht nur für mich selbst stark sein, sondern auch für andere. Es reicht nicht, dass nur meine Familie mich unterstützt – ich muss lernen, unabhängig zu sein, damit ich selbst einmal helfen kann. Ich will niemand sein, der nur nimmt, sondern jemand, der gibt. Denn das ist wahre Integration: nicht nur Teil einer Gesellschaft zu sein, sondern auch etwas zurückzugeben.

Manchmal denke ich daran, wie viel in der Welt passiert. Überall gibt es Krisen, Konflikte, politische Spannungen. Und ich frage mich, was die Zukunft bringt. Wird Deutschland weiterhin ein Ort sein, an dem Menschen Sicherheit finden können? Oder wird die Angst vor dem Fremden stärker?

Ich weiß nicht, was die Zukunft bringt. Aber ich weiß, dass ich Deutschland nicht einfach verlassen werde. Ich habe hier Menschen gefunden, die mich unterstützt haben, die mir das Gefühl gegeben haben, dass ich dazugehöre. Und genau deshalb ist Deutschland nicht nur ein Zufluchtsort für mich – es ist meine neue Heimat geworden.

Mein Wunsch ist, dass Menschen verstehen: Nicht jeder Flüchtling kommt nur, um etwas zu nehmen. Viele von uns wollen geben. Wir wollen arbeiten, beitragen, mit Respekt und Würde leben. Und wir hoffen, dass wir nicht nur als „Flüchtlinge“ gesehen werden, sondern als Menschen, die genauso Träume, Hoffnungen und Verantwortung haben wie alle anderen.

Kapitel 41: Drei Jahre des Wachstums und der Veränderung

Das Jahr 2024 – Ein Jahr voller Höhen und Tiefen

Das Jahr 2024 war für mich eines der intensivsten Jahre meines Lebens. Es war ein Jahr voller neuer Erfahrungen, aber auch eines, das mich an meine Grenzen gebracht hat. Ich habe viele neue Orte entdeckt, darunter die Nordsee, Kalifornien und Schönberg.Ich war auch in Frankreich, den Niederlanden, Belgien, Luxemburg und in verschiedenen Städten in Deutschland unterwegs und habe dabei viele neue Orte und Kulturen kennengelernt.
Diese Reisen haben mir nicht nur Freude bereitet, sondern auch meinen Horizont erweitert. Durch das Reisen habe ich neue Kulturen kennengelernt, neue Perspektiven gewonnen und gelernt, dass es immer weitergeht – egal, wie schwer eine Zeit auch sein mag.

Doch 2024 war nicht nur von schönen Erlebnissen geprägt. Es war auch das Jahr, in dem ich meine Mutter verloren habe. Dieser Verlust hat mich zutiefst getroffen. Es fühlte sich an, als wäre ein Teil von mir verloren gegangen. In dieser schweren Zeit suchte ich nach einem Weg, mit meiner Trauer umzugehen. Ich habe gelernt, dass Schmerz ein Teil des Lebens ist, aber dass wir trotzdem weitermachen müssen. Um mich abzulenken und neue Kraft zu schöpfen, habe ich mich auf das Reisen konzentriert und mich intensiv mit meiner Ausbildung und meiner Zukunft beschäftigt.

Drei Jahre in Deutschland – Ein Weg voller Herausforderungen und Erfolge

In den drei Jahren, die ich nun in Deutschland lebe, habe ich viel erreicht. Ich habe die Sprache gelernt, meinen Hauptschulabschluss an der Walter-Gropius-Schule in Hildesheim gemacht und bin jetzt in einer Ausbildung.
Nebenbei arbeite ich an meiner Selbstständigkeit: Ich kümmere mich selbst um meinen Haushalt, organisiere mein Leben eigenständig und sammle Erfahrungen, um mir langfristig eine unabhängige Zukunft aufzubauen.
Ich habe viele neue Erfahrungen gemacht und Freundschaften geschlossen. Doch all das, was ich erreicht habe, ist nicht nur das Ergebnis von Glück, sondern auch von harter Arbeit, Zielstrebigkeit und dem festen Willen, auf eigenen Beinen zu stehen.

Ich erzähle dies nicht, um mich selbst zu loben, sondern um zu zeigen, dass jeder, der die Chance bekommt, etwas zu erreichen, auch die Möglichkeit hat, sich zu verändern und zu wachsen. Ich wollte dieses Buch nicht schreiben, um zu sagen: „Schaut her, was ich erreicht habe“, sondern um den Menschen zu zeigen, dass es nicht darauf ankommt, woher jemand kommt oder welche Vergangenheit er hat. Es geht darum, was man tut und wie man sich für eine bessere Zukunft einsetzt.

Dankbarkeit für Unterstützung und Chancen

Meine Zeit an der Walter-Gropius-Schule in Hildesheim hat mich sehr geprägt. Ich hatte das Glück, großartige Lehrerinnen und Lehrer zu haben, darunter Frau Bremer, Frau Bittens, Frau Tina, Frau Grünling, Herr Schubert, Herr Scholl, Herr Schmidt und viele andere. Sie waren immer freundlich, hilfsbereit und fair, unabhängig davon, ob jemand deutscher oder ausländischer Herkunft war. Dafür bin ich ihnen sehr dankbar.

Aktuell mache ich meine Ausbildung bei KSM Casting GmbH in Hildesheim, was für meine Zukunft ein wichtiger Schritt ist. Mein Ziel ist es jedoch, nicht nur meine Ausbildung erfolgreich abzuschließen, sondern auch meinen Meister zu machen und mich später selbstständig zu machen. Ich arbeite hart daran, diesen Traum zu verwirklichen, und bin fest entschlossen, meinen eigenen Weg zu gehen. Mein Weg ist noch lange nicht zu Ende, aber ich freue mich auf alles, was noch kommt.

In Deutschland habe ich eine Zeit lang in einer Unterkunft gelebt, in der ich viel Unterstützung bekommen habe. Besonders in SJH Labora hatte ich Betreuerinnen und Betreuer, die mir sehr geholfen haben – Claudia, Alana, Katrin, Herr Bauer, Ronald, Niklas, Tobi, Sofia, Melissa und viele andere. Am meisten waren Claudia und Ronald für mich da. Sie haben mich begleitet und unterstützt, egal in welcher Situation. Ich habe dort eine gute Zeit verbracht, viel gelernt und wertvolle Erinnerungen gesammelt.

Mein Vormund, Herr Schlosser, hat mich ebenfalls sehr unterstützt und mir geholfen, meinen Weg in Deutschland zu finden. Heute bin ich in der Jugendhilfe Cluster (MOB), die eng mit der Jugendhilfe verbunden ist. Dort bekomme ich weiterhin Unterstützung von Hendrik, Armin, Pia und vielen anderen, die mir helfen, meinen Weg zu gehen. Ein besonderer Dank geht an Frau Lassalle für ihre Hilfe und Begleitung.

Danke an alle!

Kapitel 42: Vorurteile überwinden und Missverständnisse aufklären

Die Welt, in der wir leben, ist geprägt von Vielfalt – unterschiedlichen Kulturen, Religionen und Lebensweisen. Doch leider gibt es immer noch viele Vorurteile gegenüber bestimmten Gruppen von Menschen. Besonders Flüchtlinge und Menschen aus fremden Kulturen werden oft vorschnell beurteilt, ohne dass man ihre individuellen Geschichten kennt.

Ein weitverbreitetes Missverständnis ist die Annahme, dass alle Flüchtlinge Probleme verursachen oder dass alle Muslime mit Extremismus in Verbindung stehen. Diese Verallgemeinerungen sind nicht nur falsch, sondern auch gefährlich. Sie schüren Misstrauen, fördern Diskriminierung und verhindern, dass sich Gesellschaften auf eine respektvolle und friedliche Weise weiterentwickeln.

In jeder Kultur, in jeder Religion und in jeder Gesellschaft gibt es Menschen, die gute Dinge tun, und Menschen, die Fehler machen. Doch es ist ungerecht, das Verhalten einzelner Menschen auf eine ganze Gruppe zu übertragen. Wenn ein Einzelner eine Straftat begeht, dann ist das seine eigene Entscheidung – nicht die seiner Kultur oder Religion.

Individuelle Erfahrungen statt Pauschalurteile

Viele Menschen vergessen, dass jeder Mensch eine eigene Geschichte hat. Die Umstände, in denen jemand aufwächst, seine Erlebnisse, die Unterstützung, die er erhält – all das prägt seinen Charakter und seine Entscheidungen. Es gibt Flüchtlinge, die unter schwierigsten Bedingungen alles dafür tun, sich in ihrer neuen Heimat ein gutes Leben aufzubauen, die lernen, arbeiten und sich in die Gesellschaft einbringen wollen. Und es gibt auch solche, die vielleicht auf den falschen Weg geraten. Doch das ist bei Menschen, die nicht fliehen mussten, nicht anders.

Ein Mensch kann scheitern, wenn er keine Perspektive hat, wenn er in Armut lebt oder wenn er keine Unterstützung bekommt. Doch das hat nichts mit seiner Herkunft oder seiner Religion zu tun. Es ist eine Frage der persönlichen Lebensumstände. Wir müssen aufhören, Menschen nach ihrem Pass oder ihrer Hautfarbe zu beurteilen, sondern uns fragen: Welche Chancen hatte dieser Mensch? Welche Erfahrungen haben ihn geprägt?

Die Kraft des gegenseitigen Verstehens

Ich habe auf meiner Reise viele Menschen getroffen – sowohl solche, die mir geholfen haben, als auch solche, die mir mit Vorurteilen begegnet sind. Einige hatten Angst vor mir, nur weil ich Flüchtling bin. Andere dachten, ich wäre nicht vertrauenswürdig, nur weil ich aus einem bestimmten Land komme. Doch es gab auch Menschen, die mich als das sahen, was ich wirklich bin: ein Mensch mit einer Geschichte, mit Hoffnungen und mit dem Wunsch nach einem besseren Leben.

Die wichtigste Lektion, die ich gelernt habe, ist: Vorurteile entstehen oft aus Unwissenheit. Viele Menschen haben keine persönlichen Erfahrungen mit Flüchtlingen oder Menschen aus anderen Kulturen. Sie hören nur Nachrichten oder Meinungen aus ihrem Umfeld und übernehmen sie ungeprüft. Doch wenn sie die Möglichkeit haben, jemanden persönlich kennenzulernen, verändert sich oft ihr Blick. Sie erkennen, dass hinter jedem Gesicht eine Geschichte steckt, hinter jedem Namen ein Mensch mit Gefühlen, Träumen und Ängsten.

Ein Appell an die Gesellschaft

Wir alle tragen Verantwortung dafür, wie unsere Gesellschaft aussieht. Wenn wir eine Welt wollen, in der

Menschen friedlich zusammenleben, dann müssen wir aufhören, voreilige Schlüsse über andere zu ziehen. Stattdessen sollten wir aufeinander zugehen, miteinander reden und uns gegenseitig verstehen.

Es ist nicht einfach, tief verwurzelte Vorurteile zu überwinden, aber es ist möglich. Jeder Einzelne kann einen Beitrag dazu leisten, indem er bereit ist, zuzuhören, zu lernen und nicht blind den Klischees zu glauben, die in der Gesellschaft kursieren.

Ich hoffe, dass meine Geschichte dazu beiträgt, ein Stück mehr Verständnis zu schaffen. Dass sie zeigt, dass Flüchtlinge nicht einfach eine anonyme Masse sind, sondern Menschen mit Träumen und Hoffnungen. Und dass wir alle die Chance verdienen, nicht nach unserer Herkunft, sondern nach unserem Charakter beurteilt zu werden.

Kapitel 43: Frieden und Respekt – Ein universelles Prinzip

Eine der wichtigsten Lektionen, die ich auf meiner Reise gelernt habe, ist, dass Frieden und Respekt keine Grenzen kennen. Sie sind nicht an eine Religion, eine Nationalität oder eine Kultur gebunden – sie sind Werte, die überall auf der Welt existieren sollten.

Oft wird über den Islam gesagt, dass er mit Gewalt verbunden sei, doch das ist ein großes Missverständnis. Der Islam, genauso wie das Christentum, das Judentum und andere Glaubensrichtungen, lehrt vor allem eines: Frieden. In keiner heiligen Schrift wird dazu aufgerufen, anderen zu schaden oder Ungerechtigkeit zu verbreiten. Wer wirklich nach seinem Glauben lebt – egal welchem – sollte mit Mitgefühl und Respekt handeln.

Leider gibt es in jeder Gesellschaft Menschen, die Fehler machen, und manche nutzen Religion oder Ideologien als Vorwand für ihr Verhalten. Doch es ist falsch, deshalb eine ganze Gruppe oder Glaubensgemeinschaft zu verurteilen. Wenn ein Deutscher eine Straftat begeht, bedeutet das nicht, dass alle Deutschen so sind. Wenn ein Muslim etwas Schlechtes tut, bedeutet das nicht, dass alle Muslime so handeln. Jeder Mensch handelt individuell, und wir dürfen nicht zulassen, dass Vorurteile uns blind machen für die Wahrheit.

Wahrer Frieden beginnt mit Verständnis. Er beginnt damit, dass wir aufhören, andere vorschnell zu beurteilen, und stattdessen versuchen, sie zu verstehen. Es geht nicht darum, Unterschiede zu leugnen, sondern darum, sie zu akzeptieren und in ihnen eine Bereicherung zu sehen. Wir sollten uns darauf konzentrieren, die Gemeinsamkeiten zu erkennen, die uns verbinden, anstatt uns von unseren Unterschieden entzweien zu lassen.

In einer Welt, die von Konflikten und Missverständnissen geprägt ist, können wir alle dazu beitragen, den Frieden zu fördern. Es liegt in unserer Hand, wie wir miteinander umgehen. Wenn wir uns bemühen, mit Respekt und Empathie aufeinander zuzugehen, schaffen wir eine Atmosphäre des Verständnisses und des Miteinanders.

Frieden ist nicht nur das Fehlen von Krieg oder Gewalt. Frieden ist ein Zustand des respektvollen Dialogs und der gegenseitigen Anerkennung. Und er beginnt bei jedem Einzelnen von uns. Jeder Akt der Freundlichkeit, jedes Gespräch ohne Vorurteile, jede Geste des Verständnisses trägt dazu bei, dass wir alle näher zusammenrücken und eine Welt aufbauen, die auf den Prinzipien des Friedens und des Respekts basiert.

Wenn wir uns von diesen Werten leiten lassen, können wir eine bessere Zukunft für uns alle schaffen. Frieden ist kein ferner Traum – er ist eine Praxis, die wir täglich leben können. Und er ist der Schlüssel zu einer harmonischen Welt, in der jeder Mensch, unabhängig von Herkunft oder Glauben, in Frieden und Würde leben kann.

Kapitel 44: Miteinander leben – Die Gesellschaft als Spiegelbild

Unsere Gesellschaft ist ein Spiegelbild unseres Zusammenlebens. Sie zeigt, wie wir miteinander umgehen, welche Werte wir leben und wie wir aufeinander zugehen. Der Zustand einer Gesellschaft lässt sich daran ablesen, wie Menschen verschiedener Herkunft, Religion und Überzeugungen miteinander interagieren. Respekt, Offenheit und gegenseitiges Verständnis sind die Grundpfeiler eines friedlichen Zusammenlebens – doch allzu oft stehen Vorurteile, Angst oder fehlende Begegnungen im Weg.

Ich habe in meinem Leben viele verschiedene Kulturen kennengelernt. Ich bin Menschen begegnet, die aus völlig unterschiedlichen Welten stammen – Menschen mit verschiedenen Traditionen, Sprachen und Lebensweisen.

Dabei habe ich erlebt, wie bereichernd es sein kann, voneinander zu lernen, sich auszutauschen und Gemeinsamkeiten zu entdecken. Gleichzeitig habe ich aber auch gesehen, wie tief Missverständnisse, Vorurteile und Ängste in uns verwurzelt sein können und wie sehr sie das Miteinander erschweren.

Oft entstehen Vorurteile aus Unwissenheit. Menschen neigen dazu, sich ein Bild von anderen zu machen, bevor sie ihnen begegnen. Sie stützen sich auf das, was sie in den Medien sehen oder von anderen hören, anstatt eigene Erfahrungen zu sammeln. Wer nie mit einem Flüchtling gesprochen hat, glaubt vielleicht an stereotype Darstellungen, die in Filmen oder Nachrichten verbreitet werden. Wer noch nie mit einem Deutschen oder Europäer in engem Kontakt stand, hat möglicherweise eine einseitige Vorstellung von ihnen. Doch sobald man miteinander spricht, stellt man fest, dass die Unterschiede oft gar nicht so groß sind, wie man dachte.

Jeder Mensch, unabhängig von seiner Herkunft, trägt Hoffnungen, Träume und Ängste in sich. Jeder strebt nach einem guten Leben, nach Sicherheit und einer Zukunft für sich und seine Familie. Diese Wünsche sind universell – sie verbinden uns, auch wenn unsere Sprachen, Religionen oder Bräuche unterschiedlich sind.

Die Herausforderung des Zusammenlebens

Eine vielfältige Gesellschaft zu gestalten, ist eine der größten Herausforderungen unserer Zeit. Die Globalisierung, Migration und technologische Fortschritte haben die Welt näher zusammengebracht. Menschen aus verschiedenen Teilen der Erde leben heute Tür an Tür, arbeiten miteinander, teilen öffentliche Räume und prägen gemeinsam das gesellschaftliche Leben. Doch Vielfalt allein führt nicht automatisch zu einer harmonischen Gemeinschaft. Es bedarf eines bewussten Engagements, um ein friedliches und respektvolles Miteinander zu ermöglichen.

Die Angst vor dem Unbekannten ist eine natürliche Reaktion des Menschen. Doch wenn Angst und Misstrauen das Handeln bestimmen, entstehen Spannungen, die eine Gesellschaft spalten können. Integration und Zusammenleben sind keine einseitigen Prozesse. Sie erfordern Offenheit von allen Seiten – von denjenigen, die in einem Land leben, und von denjenigen, die neu hinzukommen.

Gegenseitiges Verständnis kann nicht erzwungen werden, aber es kann gefördert werden – durch Bildung, durch Begegnungen, durch Dialog. Wenn Menschen die

Möglichkeit haben, sich kennenzulernen, werden Vorurteile oft abgebaut. Wer den anderen nicht mehr nur als „den Fremden“ sieht, sondern als Individuum mit einer Geschichte, einer Familie und Gefühlen, beginnt, Brücken statt Mauern zu bauen.

Brücken bauen statt Mauern errichten

Unsere Welt wird nicht besser, wenn wir uns voneinander abgrenzen. Sie wird nur besser, wenn wir den Mut haben, aufeinander zuzugehen. Das bedeutet nicht, dass wir alle gleich sein müssen oder unsere Unterschiede ignorieren sollen. Im Gegenteil: Die Vielfalt unserer Kulturen, Erfahrungen und Perspektiven ist eine Bereicherung – wenn wir lernen, sie als solche zu sehen.

Ein gelungenes Zusammenleben erfordert Respekt, aber auch Geduld und die Bereitschaft, sich auf Neues einzulassen. Es erfordert, dass wir nicht vorschnell urteilen, sondern den anderen als Mensch sehen, nicht nur als Vertreter einer bestimmten Nationalität, Religion oder Kultur.

Meine Reise hat mich gelehrt, dass es möglich ist, miteinander zu leben – selbst wenn wir aus völlig unterschiedlichen Hintergründen kommen. Ich habe erlebt, wie Menschen füreinander da sein können, unabhängig von ihrer Herkunft. Ich habe aber auch erfahren, wie schwer es sein kann, sich in eine neue Gesellschaft zu integrieren, wenn man auf Ablehnung oder Misstrauen stößt.

Letztendlich liegt es an jedem Einzelnen von uns, wie unsere Gesellschaft aussieht. Wenn wir in einer Welt leben wollen, die von Frieden, Respekt und Verständnis geprägt ist, müssen wir selbst bereit sein, unseren Teil dazu beizutragen. Das beginnt im Kleinen – im täglichen Umgang mit unseren Mitmenschen, in der Art, wie wir sprechen, zuhören und handeln.

Eine offene, vielfältige Gesellschaft ist nicht selbstverständlich. Sie ist ein gemeinsames Projekt, das wir jeden Tag aufs Neue gestalten müssen. Doch wenn wir bereit sind, uns aufeinander einzulassen, können wir eine Welt schaffen, in der jeder seinen Platz findet – unabhängig davon, woher er kommt.

Kapitel 45: Hoffnung für die Zukunft

Mein Weg war nie allein von dem Wunsch geprägt, in Deutschland ein besseres Leben zu finden. Vielmehr ging es mir darum, meine Zukunft aktiv zu gestalten, mich weiterzuentwickeln und ein Teil dieser Gesellschaft zu werden. Ich wollte nicht nur Schutz und Sicherheit, sondern auch die Möglichkeit, etwas beizutragen. Denn ein erfülltes Leben bedeutet nicht nur, etwas zu empfangen, sondern auch, selbst eine Rolle im gesellschaftlichen Gefüge zu spielen.

Die Reise hierher war geprägt von Entbehrungen, Angst und Unsicherheiten. Es gab Momente, in denen ich nicht wusste, ob ich es schaffen würde. Doch es gab auch Hoffnung – und vor allem Menschen, die mir halfen, meinen Weg zu gehen. Ohne sie wäre ich nicht da, wo ich heute bin. Diese Unterstützung hat mir gezeigt, dass es in jeder Gesellschaft Menschen gibt, die bereit sind, anderen zu helfen – unabhängig von Herkunft, Religion oder Vergangenheit.

Heute, nach all den Herausforderungen, sehe ich meine Zukunft nicht mehr nur als etwas, das mir widerfährt, sondern als etwas, das ich aktiv mitgestalten kann. Jeder Mensch trägt die Verantwortung für sein eigenes Leben, aber auch für die Gesellschaft, in der er lebt. Ich habe gelernt, dass Integration keine Einbahnstraße ist. Es ist ein Geben und Nehmen – von beiden Seiten.

Ein Leben mit Perspektive – Die Bedeutung von Bildung und Eigeninitiative

Eines der wichtigsten Werkzeuge, um eine Zukunft aufzubauen, ist Bildung. Bildung gibt uns nicht nur Wissen, sondern auch die Fähigkeit, unsere eigenen Entscheidungen zu treffen, kritisch zu denken und neue Möglichkeiten zu erkennen.

Als ich nach Deutschland kam, war mir schnell bewusst, dass ich mich anstrengen musste, um in dieser neuen Gesellschaft meinen Platz zu finden. Die Sprache zu lernen, war der erste Schritt. Ohne Sprache bleibt man ein Außenseiter, egal wie freundlich die Menschen sind. Sprache ist der Schlüssel zu allem – zu Arbeit, Freundschaften, einem selbstständigen Leben.

Doch Bildung geht weit über das Erlernen einer Sprache hinaus. Es geht darum, neue Fähigkeiten zu erwerben, sich beruflich weiterzuentwickeln und aktiv nach Chancen zu suchen. Ich weiß, dass viele Menschen in meiner Situation Angst haben, dass sie sich unsicher fühlen, weil alles neu und fremd ist. Aber ich habe auch gelernt: Wer sich bemüht, wird Unterstützung finden.

Niemand kann von heute auf morgen erfolgreich sein. Alles braucht Zeit. Doch die Bereitschaft, sich weiterzuentwickeln, ist der entscheidende Faktor. Wer seine Chancen nutzt, wird irgendwann die Früchte seiner Arbeit ernten.

Gemeinsam eine bessere Zukunft gestalten

Ich hoffe, dass dieses Buch nicht nur eine Geschichte über Flüchtlinge oder Muslime erzählt. Ich hoffe, dass es eine Botschaft der Hoffnung, des Verständnisses und des Respekts vermittelt.

Migration ist eines der großen Themen unserer Zeit. Viele Menschen haben Angst vor Veränderungen, weil sie nicht wissen, was sie erwartet. Doch Angst kann nur durch Wissen und Begegnungen überwunden werden. Ich wünsche mir, dass dieses Buch dazu beiträgt, Brücken zu bauen, anstatt Mauern zu errichten.

Jeder, der in ein neues Land kommt, hat die Chance, zu lernen, sich zu entwickeln und seinen Platz in der Gesellschaft zu finden. Und jeder, der diese Möglichkeit bekommt, sollte sie auch nutzen. Denn nur durch eigenes Engagement kann man wirklich ankommen.

Doch auch die Aufnahmegesellschaft spielt eine entscheidende Rolle. Integration gelingt nicht, wenn Neuankömmlinge das Gefühl haben, nicht willkommen zu sein. Es braucht Offenheit von beiden Seiten – von denen, die kommen, und von denen, die schon da sind. Eine Gesellschaft kann nur dann funktionieren, wenn Menschen aufeinander zugehen, voneinander lernen und sich gegenseitig respektieren.

Eine universelle Wahrheit – Am Ende sind wir alle Menschen

Egal, ob wir aus Afghanistan, Syrien, der Türkei oder einem anderen Land kommen – am Ende sind wir alle Menschen mit denselben grundlegenden Wünschen:

Wir wollen Frieden.
Wir wollen Sicherheit.
Wir wollen eine Zukunft für uns und unsere Familien.

Diese Wünsche sind universell. Sie verbinden uns alle, egal woher wir stammen oder welchen Glauben wir haben.

Es liegt an uns, ob wir eine Welt erschaffen, in der Menschen miteinander leben können, oder ob wir uns von Vorurteilen, Angst und Misstrauen leiten lassen. Die Zukunft gehört denen, die Brücken bauen – nicht denen, die Mauern errichten.

Ich blicke mit Hoffnung in die Zukunft. Ich weiß, dass der Weg nicht immer einfach sein wird, aber ich habe gelernt, dass es immer Menschen gibt, die einem helfen. Dass es immer Chancen gibt, wenn man bereit ist, sie zu nutzen. Und dass es immer Hoffnung gibt – egal, wie schwierig die Situation auch sein mag.

Die Zukunft ist nicht etwas, das einfach passiert. Sie ist das, was wir aus ihr machen.

Kapitel 46: Die Reise geht weiter – Ein Leben im Wandel

Meine Geschichte ist mehr als eine bloße Erzählung über Flucht und den Versuch, ein neues Leben aufzubauen. Sie ist eine Geschichte über Hoffnung, über Widerstandskraft und über den unerschütterlichen Willen, sich den Herausforderungen des Lebens zu stellen. Sie ist ein Beweis dafür, dass Veränderung möglich ist – wenn man bereit ist, für sie zu kämpfen.

Jeder neue Ort, den ich betrat, brachte eine neue Herausforderung mit sich. Ich wusste nie genau, was mich erwartete. Würde ich auf offene Arme oder auf Ablehnung stoßen? Würde ich bleiben können oder gezwungen sein, weiterzuziehen? Die Unsicherheit war mein ständiger Begleiter. Doch mit jeder Hürde, die ich überwand, wuchs nicht nur meine Entschlossenheit, sondern auch mein Verständnis für die Welt um mich herum.

Meine Reise war nicht nur eine geografische Bewegung von einem Land ins nächste. Sie war auch eine innere Reise – eine, die mich als Mensch veränderte. Ich habe gelernt, dass Wachstum oft aus den schwierigsten Momenten entsteht. Dass Schmerz, Verlust und

Entbehrung uns nicht nur brechen, sondern auch formen können. Und dass jede neue Erfahrung, so schmerzhaft sie auch sein mag, eine Gelegenheit bietet, stärker zu werden.

Ankommen in einer fremden Welt

Als ich schließlich in Deutschland ankam, fühlte ich mich wie ein Fremder in einer unbekannten Welt. Die Sprache klang wie ein unüberwindbares Hindernis, die Kultur war mir fremd, und die Menschen schienen so anders zu sein als die, die ich kannte. Ich fühlte mich verloren – ein Mensch ohne festen Boden unter den Füßen, ohne ein Zuhause, ohne Gewissheit.

Doch mit der Zeit begann ich zu verstehen, dass das Ankommen nicht nur bedeutet, einen Ort zu erreichen. Es bedeutet, Teil einer Gemeinschaft zu werden, sich einzubringen und seinen eigenen Platz zu finden. Ich erkannte, dass Integration nicht nur Anpassung bedeutet, sondern aktive Teilnahme. Es reicht nicht aus, einfach nur in einem neuen Land zu sein – man muss sich entscheiden, Teil davon zu werden.

Der Schlüssel zu einem selbstbestimmten Leben lag für mich in der Bildung. Sprache war der erste Schritt – ohne sie ist man ein stummer Beobachter, ein Außenseiter in einer Gesellschaft, die auf Kommunikation beruht. Ich wusste, dass ich Deutsch lernen musste, wenn ich wirklich ankommen wollte. Es war schwer, doch ich wusste, dass es die Grundlage für alles Weitere war.

Mit der Sprache kamen neue Möglichkeiten. Ich begann, mich weiterzubilden, mich für meine Zukunft vorzubereiten. Arbeit war ein weiterer entscheidender Faktor. Ein Job gibt nicht nur finanzielle Sicherheit, sondern auch Würde. Er gibt einem das Gefühl, etwas beizutragen, gebraucht zu werden. Ich wollte nicht nur jemand sein, der Unterstützung erhält – ich wollte auch jemand sein, der gibt.

Lernen, Wachsen, Verändern

Was ich auf diesem Weg gelernt habe, geht weit über die Sprache oder berufliche Fähigkeiten hinaus. Ich habe gelernt, dass wahre Stärke nicht darin liegt, niemals zu fallen, sondern immer wieder aufzustehen. Dass es nicht darauf ankommt, woher man kommt, sondern wohin man geht.

Jeder Mensch trägt die Fähigkeit in sich, sein eigenes Leben zu gestalten – unabhängig von seiner Vergangenheit. Es ist leicht, sich von den eigenen Ängsten und Zweifeln überwältigen zu lassen, doch wer an sich glaubt und bereit ist, für seine Träume zu kämpfen, kann viel erreichen.

Doch ich habe auch verstanden, dass niemand es allein schafft. Unterstützung ist ein wesentlicher Teil des Erfolgs. Ich hatte das Glück, auf Menschen zu treffen, die mir geholfen haben, die mir Mut gemacht haben und die mir gezeigt haben, dass ich nicht allein bin. Diese Erfahrungen haben mich gelehrt, wie wichtig es ist, anderen zu helfen – denn manchmal kann eine kleine Geste der Freundlichkeit das Leben eines anderen Menschen verändern.

Eine Reise ohne Ende

Viele Menschen denken, dass eine Flucht irgendwann ein Ende hat. Doch in Wahrheit endet die Reise nie. Sie verändert sich nur. Sie wird zu einer Reise der Integration, des persönlichen Wachstums, der Selbstfindung.

Mein Weg war voller Hindernisse, aber auch voller wertvoller Lektionen. Heute weiß ich, dass das Leben ein ständiger Wandel ist. Nichts bleibt für immer, und das ist auch gut so. Veränderung bedeutet Wachstum, und Wachstum bedeutet, dass wir nie aufhören, uns weiterzuentwickeln.

Ich weiß nicht genau, was die Zukunft bringen wird. Doch ich weiß, dass ich bereit bin, mich ihr zu stellen. Und ich hoffe, dass meine Geschichte anderen Menschen Mut macht – denjenigen, die ebenfalls einen neuen Anfang suchen, aber auch denen, die die Möglichkeit haben, anderen auf diesem Weg zu helfen.

Denn am Ende sind wir alle Reisende – auf der Suche nach einem Platz, an dem wir ankommen können.

Kapitel 47: Über den Wert von Freundschaft und Unterstützung

Auf meiner langen Reise habe ich viele Menschen getroffen – Fremde, die zu Wegbegleitern wurden, und einige, die für kurze Zeit meine Familie ersetzten. Manche von ihnen kamen nur für einen Moment in mein Leben, andere begleiteten mich über längere Zeit. Doch jeder von ihnen hat auf seine Weise dazu beigetragen, dass ich nicht aufgegeben habe.

Es war nicht immer leicht, Vertrauen zu fassen. Besonders in Zeiten der Unsicherheit, in denen ich selbst nicht wusste, wohin mein Weg mich führen würde, fiel es mir schwer zu glauben, dass es Menschen gab, die mir helfen wollten, ohne etwas dafür zu erwarten. Die Erfahrung der Flucht hatte mich gelehrt, vorsichtig zu sein, mich nicht zu schnell auf andere zu verlassen. Doch immer wieder gab es Begegnungen, die mir zeigten, dass es Menschen gibt, die mit offenem Herzen helfen, einfach weil es für sie selbstverständlich ist.

Gerade in den dunkelsten Momenten meines Lebens waren es oft kleine Gesten der Freundlichkeit, die mir neue Hoffnung gaben. Eine warme Mahlzeit, ein freundliches Lächeln, ein mitfühlender Blick – manchmal sind es nicht die großen Taten, sondern die unscheinbaren Augenblicke der Menschlichkeit, die den größten Unterschied machen.

Vertrauen in schwierigen Zeiten

Ich erinnere mich an eine Nacht, in der ich völlig erschöpft und entmutigt war. Ich hatte kaum noch Kraft weiterzugehen, mein Körper war müde, meine Gedanken voller Zweifel. An diesem Abend traf ich einen alten Mann, der mir ein Stück Brot reichte und mich fragte, woher ich komme. Er sprach nicht viel, aber in seinen Augen lag ein Verständnis, das ich nicht erwartet hatte. Er kannte meine Geschichte nicht, doch er wusste, was es bedeutete, auf der Suche nach einem besseren Leben zu sein. Sein einfaches Angebot – ein Stück Brot und ein Platz zum Ausruhen – war mehr, als ich mir in diesem Moment hätte wünschen können.

Diese Begegnung war nur eine von vielen, aber sie lehrte mich eine wichtige Lektion: Manchmal ist es nicht wichtig, die gesamte Geschichte eines Menschen zu kennen, um ihm helfen zu können. Es reicht, Mitgefühl zu zeigen und zuzuhören.

Die Bedeutung von Unterstützung

Es gibt eine weit verbreitete Vorstellung, dass wahre Stärke bedeutet, alles alleine zu schaffen. Doch in Wahrheit liegt wahre Stärke nicht nur darin, durchzuhalten, sondern auch darin, die eigene Verletzlichkeit zu akzeptieren und Hilfe anzunehmen.

Ich musste lernen, dass es keine Schwäche ist, auf die Unterstützung anderer angewiesen zu sein. Im Gegenteil – es ist eine der wichtigsten Lektionen des Lebens. Niemand kann alleine überleben, niemand kann alle Kämpfe alleine austragen. Jeder Mensch braucht andere, um voranzukommen, um zu wachsen und um zu heilen.

Die Hilfe, die mir auf meinem Weg zuteilwurde, war oft nicht spektakulär. Sie bestand nicht aus großen Versprechen oder heroischen Gesten, sondern aus kleinen, aber bedeutsamen Momenten. Ein freundliches Wort an einem schwierigen Tag. Eine Tasse Tee, die mit mir geteilt wurde. Ein Mensch, der mir zuhörte, ohne zu urteilen.

Diese einfachen Dinge waren es, die mir die Kraft gaben, weiterzumachen, wenn ich das Gefühl hatte, dass alles verloren war.

Geben und Nehmen – Eine Lektion fürs Leben

Ich habe gelernt, dass Unterstützung keine Einbahnstraße ist. So wie ich auf meiner Reise Menschen begegnet bin, die mir geholfen haben, so wurde mir auch bewusst, dass ich selbst die Möglichkeit habe, anderen zu helfen. Es gibt eine tiefe Zufriedenheit darin, einem anderen Menschen beizustehen, ihm Mut zu machen oder ihm das Gefühl zu geben, nicht allein zu sein.

Besonders in einer Welt, die oft von Unsicherheit und Misstrauen geprägt ist, können es diese kleinen Gesten sein, die uns wirklich verbinden. Egal, ob es darum geht, einem Fremden in Not zu helfen oder einfach nur einem Freund zuzuhören – jeder von uns hat die Möglichkeit, einen positiven Unterschied im Leben eines anderen zu machen.

Ich hoffe, dass ich eines Tages all das, was mir gegeben wurde, zurückgeben kann. Dass ich selbst zu jemandem werde, der anderen Hoffnung schenkt, so wie mir Hoffnung geschenkt wurde. Denn letztendlich sind es nicht die materiellen Dinge, die zählen, sondern die Art, wie wir miteinander umgehen.

Meine Reise hat mich gelehrt, dass Freundschaft und Unterstützung zu den wertvollsten Dingen im Leben gehören. Ohne sie wäre ich heute nicht hier. Und ohne sie wäre die Welt ein viel kälterer Ort.

Kapitel 48: Die Bedeutung von Bildung und Ausbildung

Die Entscheidung, eine Ausbildung zu beginnen, war für mich viel mehr als nur ein beruflicher Schritt – es war eine tief empfundene Notwendigkeit, mich weiterzuentwickeln, meine Zukunft selbst in die Hand zu nehmen und ein Leben aufzubauen, das nicht mehr nur von Zufällen und äußeren Umständen bestimmt wird. In meinem Heimatland Afghanistan war der Zugang zu Bildung stark eingeschränkt. Ich konnte nur bis zur siebten Klasse lernen, weil das Bildungssystem in vielen ländlichen Regionen kaum funktionierte und für viele Familien die Schule nicht die höchste Priorität hatte. Ich wusste, dass meine Möglichkeiten begrenzt waren, solange ich keinen Zugang zu weiterführender Bildung hatte.

Als ich nach Deutschland kam, erkannte ich sofort, dass sich mir eine einzigartige Chance bot – die Möglichkeit, zu lernen, mich zu entwickeln und eine solide Grundlage für meine Zukunft zu schaffen. Doch der Weg dorthin war nicht leicht.

Der schwierige Anfang – Die Sprachbarriere überwinden

Eines der größten Hindernisse war die Sprache. Ich erinnere mich gut an meine ersten Monate in Deutschland. Überall hörte ich Wörter, die ich nicht verstand. Gespräche um mich herum waren wie ein undurchdringliches Rauschen, und jedes Formular, das ich ausfüllen musste, war eine Herausforderung. Die Sprachbarriere war nicht nur ein Kommunikationsproblem – sie schränkte mich in allen Bereichen meines Lebens ein. Ich fühlte mich oft isoliert, weil ich nicht richtig ausdrücken konnte, was ich dachte oder fühlte.

Doch ich wusste: Ohne Sprache würde ich nicht weiterkommen. Also begann ich, jeden Tag intensiv zu lernen. Ich schrieb mir neue Wörter auf, hörte aufmerksam zu, versuchte zu verstehen, wie Sätze aufgebaut wurden. Es war anstrengend, aber ich merkte, dass ich mit jedem Tag kleine Fortschritte machte. Nach und nach konnte ich mich verständigen, meine Gedanken klarer formulieren und mich endlich in die Gesellschaft einbringen.

Das deutsche Bildungssystem – Eine neue Welt

Neben der Sprache war auch das deutsche Bildungssystem für mich völlig neu. In Afghanistan hatte ich nur einen begrenzten Einblick in das Lernen und den Unterricht erhalten. Hier in Deutschland wurde nicht nur Wissen vermittelt, sondern auch eigenständiges Denken und kritisches Hinterfragen gefördert. Ich musste lernen, meine Meinung zu äußern, Argumente zu formulieren und mich aktiv am Unterricht zu beteiligen – etwas, das für mich nicht selbstverständlich war.

Doch trotz aller Herausforderungen spürte ich, dass Bildung der Schlüssel war. Je mehr ich lernte, desto selbstbewusster wurde ich. Ich erkannte, dass ich nicht nur ein Flüchtling war, der auf Hilfe angewiesen war, sondern ein Mensch mit Potenzial, der etwas aus seinem Leben machen konnte.

Die Entscheidung für eine Ausbildung

Nachdem ich die Sprache besser beherrschte, stellte sich die Frage: Was wollte ich beruflich machen? Ich wusste, dass ich arbeiten und unabhängig sein wollte. Gleichzeitig wollte ich etwas tun, das mich erfüllte und mir eine langfristige Perspektive bot.

Ich informierte mich über verschiedene Möglichkeiten und entschied mich schließlich für eine Ausbildung. Diese Entscheidung war für mich ein Wendepunkt. Zum ersten Mal hatte ich das Gefühl, dass ich nicht mehr nur auf der Flucht war, sondern aktiv an meiner Zukunft arbeitete. Die

Ausbildung bedeutete für mich Stabilität, Struktur und eine echte Chance, in Deutschland Fuß zu fassen.

Natürlich war es nicht einfach. In den ersten Monaten war ich oft unsicher, machte Fehler und zweifelte manchmal an mir selbst. Doch mit der Zeit wurde ich besser. Ich verstand die Abläufe, gewann an Routine und merkte, dass ich wirklich etwas lernte, das mich weiterbringen würde.

Bildung als Schlüssel zur Integration

Meine Ausbildung war für mich nicht nur eine berufliche Qualifikation – sie war auch der Beweis, dass ich dazugehören konnte, dass ich einen Platz in dieser Gesellschaft finden konnte. Bildung ist nicht nur Wissen, sondern auch ein Werkzeug, um sich selbst zu entfalten, um Träume zu verwirklichen und sich eine Existenz aufzubauen.

Ich habe gelernt, dass Bildung Türen öffnet, die sonst verschlossen bleiben würden. Sie gibt einem nicht nur die Möglichkeit, Geld zu verdienen, sondern auch, sich selbst weiterzuentwickeln, neue Fähigkeiten zu entdecken und ein selbstbestimmtes Leben zu führen.

Meine Ausbilder bei KSM

Während meiner Ausbildung bei KSM habe ich das große Glück, von zwei sehr engagierten und hilfsbereiten Ausbildern begleitet zu werden: Herr Gustke und Herr Schmidt. Beide sind nicht nur fachlich sehr kompetent, sondern auch menschlich sehr freundlich und verständnisvoll. Sie haben mich in vielen Situationen unterstützt, mir geholfen, wenn ich etwas nicht verstanden habe, und mir gezeigt, wie man mit Ruhe und Geduld lernen kann.

Auch wenn ich anfangs nicht viel wusste, habe ich durch ihre Hilfe sehr viel gelernt. Die Ausbildung bei KSM ist für mich eine der besten Entscheidungen, weil ich mich dort sicher und willkommen fühle. Ich habe das Gefühl, dass ich mir mit dieser Ausbildung eine gute Zukunft aufbauen kann.

Heute bin ich stolz darauf, diesen Weg gegangen zu sein. Ich weiß, dass es sich lohnt, für Bildung zu kämpfen – nicht nur für mich, sondern für alle, die die Chance haben, zu lernen und zu wachsen. Bildung bedeutet Freiheit, Unabhängigkeit und Zukunft. Und diese Zukunft gestalte ich jetzt selbst.

Kapitel 49: Über das Streben nach Zielen und die Entschlossenheit, nie aufzugeben

In den drei Jahren, die seit meiner Ankunft vergangen sind, habe ich viele Höhen und Tiefen erlebt. Es gab Momente, in denen ich mich stark und voller Hoffnung fühlte, aber auch Zeiten, in denen ich das Gefühl hatte, dass alles gegen mich lief. Manchmal schienen die Hindernisse unüberwindbar, die Herausforderungen zu groß, die Zukunft ungewiss. Doch eines habe ich gelernt: Aufgeben ist keine Option.

Es gab Tage, an denen mich die Zweifel fast überwältigten. Tage, an denen ich mich fragte, ob all die Mühe, all die Anstrengung wirklich einen Sinn hatte. Ich erinnere mich an Nächte, in denen ich wach lag, weil ich nicht wusste, wie es weitergehen sollte. Doch jedes Mal, wenn ich am Boden war, gab es etwas in mir, das mich wieder aufstehen ließ. Vielleicht war es mein unerschütterlicher Wille, vielleicht der Gedanke an die Menschen, die mich unterstützt hatten, oder vielleicht einfach die Erkenntnis, dass ich mir selbst beweisen musste, dass ich es schaffen kann.

Rückschläge sind keine Niederlagen, sondern Lektionen

Das Leben stellt uns immer wieder auf die Probe. Es fordert uns heraus, zwingt uns, unsere Grenzen zu erkennen – und sie zu überwinden. Ich habe gelernt, dass Rückschläge keine endgültigen Niederlagen sind. Sie sind Prüfungen, Lektionen, aus denen wir wachsen können.

Jedes Hindernis, das sich mir in den Weg stellte, lehrte mich etwas Neues: Geduld, Ausdauer, Entschlossenheit. Ich habe verstanden, dass wahre Stärke nicht darin liegt, niemals zu scheitern, sondern darin, immer wieder aufzustehen, wenn man fällt. Jeder Fehler, jede Enttäuschung war eine Gelegenheit, mich weiterzuentwickeln.

Herkunft bestimmt nicht unser Schicksal – unser Wille tut es

Es ist leicht, sich von der eigenen Vergangenheit definieren zu lassen, sich als Opfer der Umstände zu sehen. Doch ich habe erkannt, dass es nicht entscheidend ist, woher man kommt – sondern was man aus dem macht, was einem gegeben ist.

Ich bin nicht der einzige Mensch, der Schwierigkeiten überwinden musste. Es gibt unzählige Menschen auf der

Welt, die vor großen Herausforderungen stehen. Doch was uns unterscheidet, ist die Art und Weise, wie wir damit umgehen. Manche lassen sich entmutigen, andere kämpfen weiter. Ich habe mich entschieden, einer von denen zu sein, die kämpfen.

Jeder von uns trägt eine Kraft in sich, die uns antreibt, uns wachsen lässt und uns dazu bringt, unsere Träume zu verfolgen – wenn wir den Mut haben, sie zu erkennen und an ihnen festzuhalten. Erfolg kommt nicht über Nacht. Er erfordert harte Arbeit, Geduld und manchmal auch den Willen, gegen den Strom zu schwimmen.

Der innere Antrieb: Der Schlüssel zum Erfolg

Der wichtigste Antrieb kommt von innen. Niemand kann für uns kämpfen, wenn wir nicht bereit sind, für uns selbst einzustehen. Ich habe gelernt, dass es nicht genügt, nur darauf zu hoffen, dass sich die Dinge von selbst verbessern. Veränderung geschieht, wenn wir aktiv werden, wenn wir uns Ziele setzen und jeden Tag ein Stück daran arbeiten, sie zu erreichen.

Natürlich ist der Weg nicht immer leicht. Es gibt Zeiten, in denen es scheint, als würde man nicht vorankommen, als wäre der nächste Schritt zu schwer. Aber genau in diesen Momenten entscheidet sich, wer wir wirklich sind. Es ist der Wille, trotz aller Schwierigkeiten weiterzumachen, der am Ende den Unterschied macht.

Heute weiß ich, dass jeder Rückschlag, jede Herausforderung mich stärker gemacht hat. Ich bin nicht mehr derselbe Mensch, der ich war, als ich meine Reise begann. Ich bin gewachsen, ich habe gelernt, und ich weiß, dass ich noch viele weitere Ziele vor mir habe.

Mein Leben ist der Beweis dafür, dass man auch unter schwierigsten Bedingungen seinen eigenen Weg finden kann. Dass es nie zu spät ist, an sich zu glauben, sich neue Ziele zu setzen und die eigene Zukunft selbst zu gestalten.

Es kommt nicht darauf an, wie oft man fällt – sondern darauf, wie oft man wieder aufsteht.

Kapitel 50: Die Kraft der positiven Veränderung

Veränderung ist eine der mächtigsten Kräfte im Leben. Sie ist oft beängstigend, voller Unsicherheiten und Herausforderungen. Doch sie ist auch eine Chance – eine Möglichkeit, über sich hinauszuwachsen, alte Grenzen zu überwinden und sich selbst neu zu definieren. Mein eigener Weg hat mir gezeigt, dass Veränderung nicht nur möglich, sondern notwendig ist, um ein erfülltes Leben zu führen.

Es gab Zeiten, in denen ich dachte, dass es keinen Ausweg gibt. Momente, in denen ich an meinen eigenen Fähigkeiten zweifelte und mich fragte, ob ich es jemals schaffen würde. Doch in all diesen schwierigen Phasen gab es eine Überzeugung, die mich nie verlassen hat: Ich kann mein Leben verändern. Und ich glaube fest daran, dass jeder Mensch diese Möglichkeit hat – unabhängig von seiner Vergangenheit, seinen Fehlern oder den Hindernissen, die sich ihm in den Weg stellen.

Der erste Schritt: Die Entscheidung zur Veränderung

Die schwierigste Hürde auf dem Weg zur Veränderung ist oft der erste Schritt. Es ist der Moment, in dem wir erkennen, dass wir nicht in der Vergangenheit gefangen sein müssen. Dass wir nicht durch unsere Fehler oder unsere Herkunft definiert werden. Dass wir die Kraft haben, unser eigenes Schicksal in die Hand zu nehmen.

Dieser erste Schritt ist nicht immer leicht. Er erfordert Mut, denn er bedeutet, sich dem Unbekannten zu stellen. Es ist viel einfacher, in gewohnten Mustern zu verharren, auch wenn sie uns nicht glücklich machen. Aber wahre Veränderung beginnt mit der bewussten Entscheidung, sich weiterzuentwickeln – trotz aller Ängste, Zweifel und Unsicherheiten.

Ich habe gelernt, dass Fortschritt nicht immer in großen Sprüngen kommt. Manchmal sind es die kleinen Entscheidungen, die uns auf lange Sicht am weitesten bringen. Die Entscheidung, jeden Tag etwas Neues zu lernen. Die Entscheidung, nicht aufzugeben, auch wenn ein Ziel unerreichbar scheint. Die Entscheidung, trotz Rückschlägen weiterzumachen.

Rückschläge als Teil des Wachstums

Auf meinem Weg bin ich oft gestürzt. Ich habe Fehler gemacht, falsche Entscheidungen getroffen, mich selbst unterschätzt. Doch ich habe verstanden, dass Fehler keine Endstation sind – sie sind Lektionen. Jeder Rückschlag hat mir etwas beigebracht, mich stärker gemacht und mir gezeigt, wo ich noch wachsen kann.

Viele Menschen lassen sich von ihren Ängsten zurückhalten. Sie fürchten sich vor dem Scheitern, vor Kritik, vor Enttäuschung. Doch wahre Veränderung geschieht genau dann, wenn wir diese Ängste überwinden und erkennen, dass jeder Fehler uns nur näher an unser Ziel bringt. Es ist nicht derjenige, der nie scheitert, der Erfolg hat – sondern derjenige, der trotz des Scheiterns immer wieder aufsteht und weitermacht.

Die innere Stärke finden

Was mich in den schwierigsten Momenten angetrieben hat, war nicht nur der Wunsch nach einem besseren Leben, sondern die Überzeugung, dass ich es schaffen kann. Diese innere Stärke, dieser unerschütterliche Glaube an sich selbst, ist der Schlüssel zu echter Veränderung.

Jeder Mensch trägt diese Kraft in sich. Manchmal ist sie tief verborgen, manchmal durch Zweifel verdeckt, doch sie ist da. Der Unterschied zwischen denen, die ihre Träume verwirklichen, und denen, die aufgeben, liegt nicht in Talent oder Glück – sondern in der Bereitschaft, trotz aller Hindernisse weiterzumachen.

Ich hoffe, dass meine Geschichte zeigt, dass Veränderung nicht nur ein Traum ist, sondern eine greifbare Realität. Dass es nicht darauf ankommt, woher man kommt oder welche Fehler man gemacht hat, sondern darauf, was man bereit ist zu tun, um sein Leben in die eigene Hand zu nehmen.

Die Welt verändert sich ständig – und wir haben die Wahl, ob wir uns von ihr treiben lassen oder ob wir selbst bestimmen, in welche Richtung unser Leben geht. Die Kraft der positiven Veränderung liegt in jedem von uns. Alles, was es braucht, ist der Mut, den ersten Schritt zu wagen – und niemals aufzugeben.

Kapitel 51: Ein Blick in die Zukunft

Wenn ich heute auf meine Reise zurückblicke, sehe ich nicht nur die Schwierigkeiten, die ich überwunden habe, sondern auch die Lektionen, die mich geprägt haben. Jeder Moment der Unsicherheit, jedes Hindernis und jeder Rückschlag haben mich stärker gemacht. Doch das Wichtigste, was ich auf diesem Weg gelernt habe, ist, dass die Zukunft nicht einfach geschieht – sie wird gestaltet. Von jedem einzelnen von uns.

Ich weiß, dass mein Weg noch lange nicht zu Ende ist. Es wird immer neue Herausforderungen geben, unerwartete Wendungen und Situationen, die mich auf die Probe stellen. Doch heute habe ich eine Gewissheit, die mich leitet: Ich bin bereit. Ich bin bereit, zu lernen, zu wachsen und weiterhin meinen Platz in dieser Welt zu finden. Denn die Reise, die mich bis hierher geführt hat, hat mir gezeigt, dass ich stärker bin, als ich je gedacht hätte.

Die Zukunft aktiv gestalten

Früher war die Zukunft für mich ein ungewisses, beängstigendes Konzept. Ich wusste nicht, was mich erwartet, und oft fühlte es sich an, als hätte ich keine

Kontrolle über das, was als Nächstes kommt. Doch mit der Zeit habe ich verstanden, dass die Zukunft nichts ist, was einfach passiert – sie ist das Ergebnis der Entscheidungen, die wir heute treffen.

Jeder Tag ist eine neue Gelegenheit, sich weiterzuentwickeln, neue Fähigkeiten zu erlernen und sich seinen Zielen zu nähern. Ich werde mein Bestes tun, um meine Chancen zu nutzen – nicht nur für mich selbst, sondern auch für all jene, die mich auf meinem Weg unterstützt haben. Denn niemand erreicht sein Ziel allein. Meine Geschichte wurde von Menschen geprägt, die an mich geglaubt, mich ermutigt und mir geholfen haben, wenn ich es am meisten brauchte. Nun ist es an mir, etwas zurückzugeben und anderen zu helfen, ihren eigenen Weg zu finden.

Eine offene Gesellschaft als Schlüssel zur Zukunft

Meine persönliche Geschichte ist nur ein kleiner Teil eines viel größeren Bildes. Wir alle sind Teil einer Welt, die sich ständig verändert. In dieser Welt gibt es Grenzen und Unterschiede – kulturell, sprachlich, religiös. Doch was ich gelernt habe, ist, dass diese Unterschiede nicht trennen müssen. Sie können eine Bereicherung sein, eine Möglichkeit, voneinander zu lernen und gemeinsam zu wachsen.

Ich wünsche mir eine Zukunft, in der Offenheit, Verständnis und gegenseitiger Respekt die Grundlage unseres Zusammenlebens sind. In der Menschen nicht nach ihrer Herkunft beurteilt werden, sondern nach dem, was sie tun und wie sie mit anderen umgehen. Eine Zukunft, in der Vielfalt als Stärke gesehen wird, nicht als Hindernis.

Doch diese Zukunft geschieht nicht von selbst. Es liegt an uns, sie zu gestalten. Es liegt an jedem Einzelnen, den ersten Schritt zu tun – sei es durch ein offenes Gespräch, durch die Bereitschaft, anderen zu helfen, oder einfach durch die Entscheidung, Vorurteile hinter sich zu lassen.

Die gemeinsame Verantwortung für eine bessere Welt

Wir sind alle auf einer Reise. Manche von uns sind weiter, manche haben erst begonnen. Doch unabhängig davon, wo wir stehen, teilen wir alle die gleiche Sehnsucht nach einem guten Leben, nach Frieden, Sicherheit und einem Gefühl der Zugehörigkeit.

Ich glaube fest daran, dass jeder Mensch das Potenzial hat, Gutes zu tun und einen positiven Beitrag zur Gesellschaft zu leisten. Es spielt keine Rolle, woher man kommt oder welche Vergangenheit man hat – es zählt nur, was man bereit ist zu tun, um eine bessere Zukunft zu erschaffen.

Unsere Welt ist oft geprägt von Konflikten und Spaltungen, doch wir dürfen nicht vergessen, dass das, was uns verbindet, viel größer ist als das, was uns trennt. Es liegt in unserer Hand, Brücken zu bauen, anstatt Mauern zu errichten.

Wenn ich an die Zukunft denke, sehe ich nicht nur meine eigene Geschichte, sondern eine gemeinsame Geschichte, die wir alle miteinander schreiben. Eine Geschichte, in der wir uns nicht voneinander abgrenzen, sondern zusammenkommen, um gemeinsam an einer Welt zu arbeiten, in der jeder Mensch die Möglichkeit hat, sein Potenzial zu entfalten.

Und so blicke ich voller Hoffnung nach vorne. Denn ich weiß: Die beste Zeit liegt nicht hinter uns – sie liegt vor uns.

Kapitel 52: Abschließende Gedanken

Dieses Buch ist mehr als nur meine persönliche Geschichte. Es ist ein Zeugnis für all jene, die täglich mit Herausforderungen kämpfen, mit Vorurteilen konfrontiert sind oder das Gefühl haben, dass sie allein sind. Ich habe es geschrieben, um eine Botschaft zu vermitteln – eine Botschaft der Hoffnung, der Veränderung und des Glaubens an das Gute in uns allen.

Es geht nicht darum, Menschen nach ihrer Herkunft, ihrem Glauben oder den Umständen ihrer Vergangenheit zu bewerten. Viel wichtiger ist es, auf ihre Handlungen zu achten – darauf, wie sie mit anderen umgehen, wie sie sich in die Gesellschaft einbringen und wie sie bereit sind, etwas Positives zu bewirken. Jeder Mensch hat das Potenzial, sich weiterzuentwickeln, zu wachsen und Gutes zu tun – wenn er die Möglichkeit dazu erhält.

Ich wünsche mir, dass meine Geschichte als Erinnerung daran dient, dass wir alle viel mehr gemeinsam haben, als uns trennt. Wir alle streben nach Frieden, Sicherheit und nach der Freiheit, unser Leben nach unseren eigenen Vorstellungen zu gestalten. Die Reise mag schwer sein, doch kein Weg ist zu weit, kein Hindernis zu groß, wenn wir den Mut haben, ihn zu gehen. Jeder Schritt, den wir in Richtung Verständnis, Offenheit und Menschlichkeit tun, bringt uns weiter – nicht nur individuell, sondern als Gesellschaft.

Eine Reise der Selbstfindung

Für mich war diese Reise mehr als eine Flucht. Sie war eine Suche nach einem neuen Zuhause, nach Sicherheit, aber vor allem nach mir selbst. Sie hat mich geprägt, mich wachsen lassen und mir gezeigt, dass wahre Stärke nicht darin liegt, nie zu scheitern, sondern darin, immer wieder aufzustehen.

Ich habe gelernt, dass es nicht nur darum geht, äußere Grenzen zu überwinden, sondern auch innere. Es war ein langer Weg, der mich gelehrt hat, dass Veränderung von innen heraus geschieht – durch Entschlossenheit, durch den Willen, sich weiterzuentwickeln, und durch den Glauben an eine bessere Zukunft.

Ich hoffe, dass meine Erfahrungen anderen Mut machen können – jenen, die sich verloren fühlen, die vor großen Herausforderungen stehen oder die nicht wissen, ob sie ihren Weg weitergehen können. Ich bin den gleichen Weg gegangen, ich kenne die Zweifel, die Ängste und die Unsicherheiten. Aber ich weiß auch, dass es möglich ist, trotz aller Widerstände seinen Platz in dieser Welt zu finden.

Gemeinsam für eine bessere Zukunft

Dieses Buch ist nicht nur ein Rückblick auf meine Vergangenheit – es ist auch ein Aufruf für die Zukunft. Wir alle tragen die Verantwortung, die Welt ein Stück besser zu machen. Und das beginnt im Kleinen: mit Verständnis, mit Respekt, mit der Bereitschaft, einander zu helfen.

Jeder von uns kann etwas bewirken. Jeder von uns kann Brücken bauen anstatt Mauern errichten. Und jeder von uns kann dazu beitragen, dass diese Welt ein Ort wird, an dem jeder Mensch eine faire Chance erhält – unabhängig davon, wo er geboren wurde oder welche Sprache er spricht.

Ich danke euch, dass ihr diese Reise mit mir geteilt habt. Dass ihr euch die Zeit genommen habt, meine Geschichte zu lesen und darüber nachzudenken. Und ich hoffe, dass sie euch dazu inspiriert, euren eigenen Weg mit Mut und Entschlossenheit zu gehen.

Lasst uns gemeinsam weitermachen – für uns selbst, für die Menschen um uns herum und für diejenigen, die nach uns kommen. Denn am Ende sind wir alle Teil einer größeren Geschichte. Einer Geschichte, die wir gemeinsam schreiben.

Kapitel 53: Die Herausforderungen der Integration und die Last der Vorurteile

Als ich nach Deutschland kam, hatte ich nur ein Ziel: Sicherheit. In Afghanistan war mein Leben durch den Krieg und die Herrschaft der Taliban geprägt, und es gab keine andere Option, als zu fliehen. Ich wusste, dass mein Leben in Deutschland besser sein würde, zumindest in Bezug auf Sicherheit und die Möglichkeit, eine Zukunft aufzubauen. Doch als ich hier ankam, stellte ich fest, dass der Weg zur Integration viel schwieriger war, als ich es mir vorgestellt hatte.

Ich habe oft erlebt, wie Menschen über Flüchtlinge sprechen, ohne wirklich zu verstehen, was wir durchgemacht haben oder wer wir sind. In der Schule hörte ich Gespräche über Flüchtlinge und oft wurden wir mit einer einzigen, negativen Etikette versehen. Es gab diese Gespräche über „die Flüchtlinge“, die „unser Land überfluten" würden. Sätze wie: „Flüchtlinge kommen nur, um uns zu schaden", oder „Sie sind nur ein Problem für unser Land" haben sich wie ein Stachel in mein Herz eingeprägt. Menschen, die diese Aussagen machten, wussten oft nicht, wie viel Leid und Schmerz hinter den Gesichtern derjenigen steckte, die aus ihrer Heimat flohen.

Es war schwer, mit dieser Stigmatisierung umzugehen. Wenn du als Flüchtling wahrgenommen wirst, ist es, als ob du immer in eine Schublade gesteckt wirst, die du nicht selbst gewählt hast. Es war eine Last, die ich ständig tragen musste – die Last, nicht nur für mich, sondern auch für meine Herkunft zu kämpfen. Die Vorstellung, dass jedes Fehlverhalten eines Einzelnen sofort auf alle Afghanen, Muslime oder Flüchtlinge in Deutschland übertragen wird, ist eine der größten Herausforderungen, denen ich mich stellen musste.

Einmal hörte ich, wie jemand sagte: „Alle Muslime sind Terroristen." Diese Worte trafen mich tief. Ich wusste, dass ich mich nicht mit solchen Taten identifizieren konnte, und dennoch wurde mir von anderen ein Stempel aufgedrückt, der nichts mit mir zu tun hatte. Es ist schmerzhaft, wenn man für die Taten von anderen verantwortlich gemacht wird, nur weil man aus dem gleichen Land kommt oder denselben Glauben teilt. Ich weiß, dass es in jeder Religion Menschen gibt, die sich falsch verhalten, aber das bedeutet nicht, dass alle, die dieser Religion angehören, so sind.

In Deutschland hatte ich oft das Gefühl, dass es mir schwerfiel, den richtigen Platz zu finden. Es war ein ständiger Kampf, mich von den Vorurteilen zu befreien, die über uns Flüchtlinge hinweggekehrt wurden. Viele Leute, die uns an der Grenze gesehen haben, dachten wahrscheinlich, dass wir einfach nur „ein Problem" waren, das es zu lösen galt. Aber wir sind Menschen. Wir haben Träume, Ängste und Hoffnungen. Wir wollen ein besseres Leben führen, nicht nur überleben.

Es gab Momente, in denen ich dachte, dass ich Deutschland verlassen sollte, weil es so schwer war, mich hier zu integrieren. Es war nicht nur die Sprache, die mich von anderen Menschen trennte, es waren auch die Blicke und Kommentare, die mich daran erinnerten, dass ich anders war. Doch je mehr ich versuchte, mich in diese Gesellschaft zu integrieren – indem ich Deutsch lernte, zur Schule ging und schließlich meine Ausbildung begann – desto mehr wurde mir klar, dass ich nicht für das Verhalten anderer Menschen verantwortlich war. Es war schwer, aber ich kämpfte weiter, um mein eigenes Leben aufzubauen.

Ich habe verstanden, dass es wichtig ist, dass Menschen nicht auf ihre Herkunft oder Religion reduziert werden.

Ein Fehler eines Einzelnen, ob ein Afghan, ein Muslim oder jemand anderes, sollte nicht die gesamte Gruppe betreffen. Jeder Mensch ist einzigartig, mit seiner eigenen Geschichte und seinen eigenen Entscheidungen. Ich möchte, dass die Menschen das verstehen. Wir sollten nicht in Kategorien denken. Wir sollten uns von Vorurteilen befreien und stattdessen den Menschen als Individuen begegnen.

Ein weiteres Beispiel, das mir besonders im Gedächtnis geblieben ist, ist eine Begegnung, die ich in Serbien hatte, als ich mit anderen Flüchtlingen unterwegs war. Es war eine deutsche Frau, die mit uns in einem Lager war und mit uns sprach. Ich hatte das Gefühl, dass sie uns wirklich verstehen wollte, dass sie nicht nur über uns, sondern mit uns sprechen wollte. Es war eine kleine Geste, aber sie hat mir gezeigt, dass nicht alle Menschen so denken wie die, die uns verurteilen. Und diese Begegnungen sind es, die uns Hoffnung geben. Es sind diese Momente der Verbindung, die uns zeigen, dass es auch gute Menschen gibt, die wirklich verstehen, was es bedeutet, als Flüchtling zu leben.

Es gibt viel, was ich noch lernen möchte, und vieles, was ich noch erreichen möchte. Aber ich habe in den letzten Jahren verstanden, dass der Weg zur Integration nicht nur über das Erlernen der Sprache oder das Finden eines Jobs geht. Es geht auch darum, ein Verständnis füreinander aufzubauen und Vorurteile abzubauen. Ich habe nie dieses Buch geschrieben, um mich selbst zu beweisen oder auf etwas stolz zu sein. Ich habe es geschrieben, um anderen zu zeigen, dass wir als Flüchtlinge nicht weniger wert sind. Dass jeder von uns ein Ziel hat, ein Leben zu führen, das er für sich selbst und seine Familie aufbauen möchte. Ich hoffe, dass dieses Buch eine Brücke schlägt, die es den Menschen ermöglicht, den anderen als Menschen zu sehen und nicht als ein Problem.

Ich möchte, dass die Menschen verstehen, dass wir nicht nur Flüchtlinge sind, sondern dass wir auch Träume haben, Verantwortung übernehmen und uns bemühen, ein aktiver Teil der Gesellschaft zu sein. Wir müssen uns von der Vorstellung befreien, dass Flüchtlinge „die anderen“ sind und anfangen, uns als ein Teil dieser Gesellschaft zu sehen. Nur so können wir wirklich in einer offenen und respektvollen Welt leben, in der alle Menschen, unabhängig von Herkunft oder Religion, gleich behandelt werden.

Kapitel 54: Ein neuer Anfang – Aber die Vergangenheit bleibt

Mein Weg nach Europa war voller Schmerzen, Angst und Hoffnung. Ich habe Dinge erlebt, die ich niemals vergessen werde – Nächte in eisiger Kälte, Hunger, Gewalt und die ständige Unsicherheit, ob ich den nächsten Tag überleben werde. Doch trotz all dieser Herausforderungen bin ich hier. Ich habe es geschafft, einen Ort zu finden, an dem ich in Sicherheit bin.

Aber das bedeutet nicht, dass alles plötzlich gut ist. Die Vergangenheit bleibt in meinen Gedanken. Die Bilder der Menschen, die unterwegs gestorben sind, die Stimmen derer, die geschlagen wurden, das Gefühl der Angst, wenn man vor der Polizei wegläuft – all das lässt mich nicht los.

In Europa angekommen, habe ich schnell gemerkt, dass auch hier das Leben nicht einfach ist. Viele Menschen haben Vorurteile gegenüber Flüchtlingen. Sie denken, wir kommen hierher, um Geld zu bekommen oder weil wir es uns leicht machen wollen. Aber niemand verlässt seine Heimat freiwillig. Niemand setzt sein Leben aufs Spiel, wenn es eine andere Möglichkeit gäbe.

Was mich am meisten verletzt, ist, dass wir Flüchtlinge oft für Dinge verantwortlich gemacht werden, die wir gar nicht getan haben. Wenn irgendwo in Deutschland oder Europa jemand, der Flüchtling ist oder Muslim ist, etwas Schlimmes macht, dann schauen viele Menschen auf uns alle mit Misstrauen.

Ich erinnere mich an Tage, an denen ich morgens zur Schule oder zur Arbeit gehen wollte, aber dann in den Nachrichten gesehen habe, dass ein Flüchtling oder ein Muslim etwas Schlimmes getan hat. In diesen Momenten fühle ich mich schuldig, obwohl ich nichts damit zu tun habe. Mein Kopf sagt mir dann: Heute kann ich nicht zur Schule gehen. Heute kann ich nicht arbeiten. Ich kann den Menschen nicht ins Gesicht schauen.

Ich spüre ihre Blicke, ihre Gedanken: „Vielleicht ist er auch so?" – auch wenn ich nichts falsch gemacht habe. Manchmal denke ich dann sogar, dass ich Deutschland verlassen sollte. Warum soll ich hier leben, wenn ich jedes Mal für etwas verurteilt werde, womit ich nichts zu tun habe?

Aber die Wahrheit ist: Ein einzelner Mensch kann Fehler machen. Ein einzelner Mensch kann etwas Böses tun. Aber das bedeutet nicht, dass alle Flüchtlinge schlecht sind. Und es bedeutet nicht, dass alle Muslime schlecht sind. Islam ist keine Religion des Hasses oder der Gewalt

– es sind einzelne Menschen, die Fehler machen. Jeder Mensch ist für seine eigenen Taten verantwortlich, aber nicht eine ganze Religion oder eine ganze Gruppe.

Ich hoffe, dass die Menschen in Deutschland und Europa uns nicht nur als „Flüchtlinge“ sehen, sondern als Menschen – mit Träumen, mit Hoffnungen, mit dem Wunsch, ein normales Leben zu führen. Wir sind keine Bedrohung. Wir sind Menschen, die einfach nur in Sicherheit leben wollen.

Vielleicht wird es viele Jahre dauern, bis ich wirklich das Gefühl habe, angekommen zu sein. Vielleicht werde ich immer das Gefühl haben, zwischen zwei Welten zu leben – zwischen meiner Heimat, die ich verlassen musste, und meinem neuen Zuhause, in dem ich noch nicht vollständig akzeptiert bin. Aber eines weiß ich sicher: Ich werde weiter kämpfen. Für ein Leben in Würde, für eine Zukunft, die besser ist als meine Vergangenheit.

Kapitel 55: Unsere Verantwortung in Europa – Frieden, Respekt und Dankbarkeit

An alle afghanischen Menschen und Flüchtlinge, die nach Deutschland und Europa gekommen sind:

Wir haben eine lange und schwere Reise hinter uns. Unsere Reise begann in einem Land, das von Krieg und Gewalt geprägt ist. Wir haben alles verloren: unsere Heimat, unsere Familie und unsere Sicherheit. Aber durch all das Leid und die Entbehrungen haben wir einen wichtigen Schatz gefunden: die Chance auf ein neues Leben in Europa, in Deutschland. Und wir sind dankbar dafür, dass uns diese Möglichkeit gegeben wurde.

Doch mit dieser Chance kommt eine große Verantwortung. Wir sind nicht nur hier, um zu überleben, sondern auch, um unseren Teil zu einer besseren, respektvollen und friedlichen Gesellschaft beizutragen.

Es gibt eine wichtige Wahrheit, die wir nie vergessen dürfen: Jeder Mensch ist wertvoll, unabhängig von seiner Herkunft, Religion oder seinen Überzeugungen. Wenn wir in einem neuen Land leben, in einer neuen Kultur, müssen wir uns daran erinnern, dass wir alle Menschen sind, und dass der Respekt vor anderen und der Wunsch nach Frieden die Grundlage für ein gutes Zusammenleben bilden.

Wir können niemals zulassen, dass wir aus Wut oder Frustration Gewalt anwenden oder uns an Feindseligkeiten beteiligen. Das Leben eines jeden Menschen ist heilig.

Der Koran sagt:
„Wer einen Menschen tötet, ohne dass er einen Mord begangen hat oder Unheil auf der Erde gestiftet hat, so ist es, als ob er die ganze Menschheit getötet hat.“ (Koran 5:32)

Diese Verse sind eine klare Erinnerung daran, wie wichtig das Leben eines jeden Menschen ist. Niemand hat das Recht, einem anderen Menschen zu schaden oder ihn zu töten. Wir sind alle in dieser Welt miteinander verbunden, und unser Ziel sollte es sein, einander zu respektieren, uns zu unterstützen und in Frieden zu leben.

Der Prophet Mohammed (Friede sei mit ihm) sagte: „Der Stärkste unter euch ist derjenige, der sich selbst beherrschen kann, besonders in der Zeit der Wut.“ (Sahih al-Bukhari)

Das bedeutet, dass wahre Stärke nicht in der Anwendung von Gewalt liegt, sondern in der Fähigkeit, sich selbst zu beherrschen, in der Fähigkeit, in schwierigen Situationen ruhig zu bleiben und mit Respekt und Geduld zu handeln.

Als Muslime und als Flüchtlinge, die Schutz suchen, sollten wir niemals vergessen, dass der Islam uns immer dazu aufruft, mit anderen Menschen in Frieden und Respekt zu leben. Es geht nicht darum, anderen Menschen aufzuzwingen, was wir glauben, sondern darum, in Frieden zu leben und einander zu helfen. Unsere Religion lehrt uns, dass wir unseren Mitmenschen helfen sollen – unabhängig davon, welche Religion sie haben oder aus welchem Land sie kommen.

Der Prophet Mohammed (Friede sei mit ihm) sagte: „Helft einander, in der Taqwa (Gottesfurcht) und im Guten.“ (Koran 5:2)

Diese Worte sind eine Erinnerung daran, dass wir uns gegenseitig unterstützen sollten, in schwierigen Zeiten zusammenhalten und das Gute tun müssen. Es ist wichtig, dass wir uns immer daran erinnern, dass der Prophet uns ermutigt hat, anderen zu helfen – egal welcher Religion sie angehören. Wir können und sollten keine Vorurteile haben oder Menschen aufgrund ihrer Herkunft oder ihres Glaubens verurteilen.

Wir sind in einem Land, das uns Schutz und eine neue Chance gegeben hat. Deutschland und Europa haben uns geholfen, unsere Träume zu verwirklichen, und wir sollten diese Gelegenheit nicht missbrauchen. Stattdessen sollten wir die Werte von Frieden und Respekt verkörpern, die uns hierher geführt haben. In Deutschland dürfen wir in Frieden leben, unsere Religion ausüben und eine Zukunft aufbauen – und dafür sollten wir dankbar sein.

Und zum Schluss, lassen Sie uns alle gemeinsam Danke sagen – Danke an Deutschland und Europa

Danke, Deutschland. Danke, Europa. Ihr habt uns die Möglichkeit gegeben, wieder Hoffnung zu schöpfen und unser Leben neu zu beginnen. Wir dürfen niemals vergessen, wie viel Gutes uns zuteil wurde, und wir müssen uns verpflichten, dieses gute Leben zu bewahren und zu schützen. Es liegt an uns, Verantwortung zu übernehmen, für uns selbst, für unsere Familien und für die Gesellschaft, in der wir leben.

Lasst uns niemals Gewalt anwenden oder in irgendeiner Weise die Gesellschaft, die uns aufgenommen hat, zerstören. Wir haben die Pflicht, unseren Teil dazu beizutragen, dass Deutschland und Europa Orte des Friedens, des Respekts und der Hoffnung bleiben.

Möge Allah uns den Mut und die Weisheit geben, immer in Frieden zu leben, uns selbst zu beherrschen und mit allen Menschen, unabhängig von ihrer Herkunft, mit Respekt und Mitgefühl umzugehen.

Amin.

Ich danke euch, dass ihr diese Reise mit mir geteilt habt. Es war ein harter Weg voller Herausforderungen, aber auch voller Hoffnung. Diese Geschichte ist nicht nur meine, sondern die vieler Menschen, die auf der Suche nach einem besseren Leben sind. Danke, dass ihr mir zugehört habt.

Am 11. März 2022, in Serbien: Ein paar deutsche Mädchen, die dort gearbeitet haben, haben uns in dieser schwierigen Zeit unterstützt. Sie waren freundlich und haben uns geholfen, die Tage etwas leichter zu machen. Wir haben UNO gespielt, Kaffee getrunken und sogar ein wenig Volleyball gespielt. Ich habe in dieser Zeit auch eine Karte von Afghanistan gezeichnet. Es waren kleine Momente der Normalität inmitten einer langen und anstrengenden Reise. Sie machten Fotos von uns - Erinnerungen an eine Zeit, die trotz allem auch schöne Augenblicke hatte.

Über mich

Ich bin Abdullah Mohmand Alias MaLik, aber viele kennen mich einfach als MaLik. Geboren und aufgewachsen in Afghanistan, habe ich die Herausforderungen und Gefahren eines Landes im Konflikt aus erster Hand erlebt. Meine Flucht von Afghanistan nach Deutschland war ein einschneidendes Erlebnis, das mein Leben und meine Sicht auf die Welt nachhaltig geprägt hat.

In meinem Buch teile ich meine persönliche Geschichte und die Erfahrungen, die ich auf diesem Weg gemacht habe. Es geht um die Suche nach Sicherheit, die Bedeutung von Familie und Kultur, und den schwierigen, aber hoffnungsvollen Prozess, in einem neuen Land Fuß zu fassen. Ich erzähle von den Höhen und Tiefen, von den Menschen, die mir geholfen haben, und von den Herausforderungen, die ich überwinden musste.

Mit meinem Buch möchte ich nicht nur meine eigene Geschichte erzählen, sondern auch andere dazu inspirieren, ihre Geschichten zu teilen. Ich hoffe, dass meine Erzählungen Brücken zwischen

Kulturen bauen und ein tieferes Verständnis für die Erfahrungen von Flüchtlingen schaffen können.